Am Anfang

schuf Gott Himmel und Erde

Am Anfang

schuf Gott Himmel und Erde

Eine Bibel für Kinder

Geschichten von Bara van Pelt
Erläuterungen von Anja A. de Fluiter
Spiel- und Bastelteil von Joke Bouwman
Illustrationen von Erika Cotteleer

AGENTUR DES RAUHEN HAUSES HAMBURG

Titel der niederländischen Originalausgabe:
„Om te beginnen"
© 1997, BV Uitgeverij NZV, Hilversum
Gestaltung und Layout Twin Design, Culemborg

Aus dem Niederländischen von Eveline Casteal

© der deutschen Ausgabe 1998
Agentur des Rauhen Hauses Hamburg GmbH
Alle Rechte vorbehalten
Printed in Singapore
Satz: Partner Satz GmbH, Hamburg
ISBN 3 7600 0875-5
Best.-Nr. 1 1013-9

Inhalt

Altes Testament

Genesis:	Geschichten über die Schöpfung	12
Genesis:	Geschichten über Abraham und Sara, Isaak und Rebekka, Jakob und Esau	24
Genesis:	Geschichten über Josef	51
Exodus und Josua:	Geschichten über die Befreiung aus der Sklaverei und den Einzug in das Gelobte Land	72
Rut:	Geschichten über die Treue	98
Samuel und Könige:	Geschichten über den Propheten Samuel und die Könige Saul, David und Salomo	114

Neues Testament

Matthäus und Lukas:	Geschichten über die Geburt Jesu	160
Markus:	Geschichten über Jesus	170
Apostelgeschichte:	Geschichten über Himmelfahrt und Pfingsten	218
Offenbarung:	Gechichten über die Vision des Johannes	224

Spiel- und Bastelvorschläge

Der Geschichtentisch:	Das Buch bleibt aufgeschlagen	234

Vorwort

Besondere Geschichten

Die Bibel ist nicht irgendein Buch. Es ist ein Buch mit Geschichten, die Menschen einander durch die Jahrhunderte weitererzählt haben. Fröhliche, spannende, traurige, rührende und ermutigende Geschichten. In „Am Anfang…" werden einige dieser Geschichten Kindern erzählt, auf zeitgemäße, spielerische und lebhafte Weise. Der ursprüngliche Text der Bibel wird dabei nicht aus den Augen verloren, sondern bildet gleichsam die Inspirationsquelle.

Bibelgeschichten wurden als Glaubensgeschichten aufgeschrieben, in denen Menschen versuchen, in Worte zu fassen, was sie am tiefsten berührt und bewegt. Aber durch die lange Zeit, in der sie schon Teil unserer Geschichte sind, sind es auch Kulturgeschichten geworden. Sie sind mit unserer Sprache und Kultur verwoben. Ein Grund mehr, diese Geschichten unseren Kindern weiterzuerzählen.

Bibelgeschichten bilden auch einen Anlaß, über etliche Lebensfragen nachzudenken, wie z.B. „Wer bin ich?", „Wer ist mein Mitmensch?" und „Was wird aus uns werden?". Diese Geschichten bieten Kindern und Erwachsenen die Möglichkeit, gemeinsam darüber zu sprechen.

Die Auswahl der Geschichten

Wie in jeder Kinderbibel, so wurde auch für „Am Anfang…" eine Auswahl getroffen. In diesem Buch finden Sie eine Zusammenstellung einiger wichtiger Geschichten aus dem Alten und Neuen Testament. Dabei wurde auf eine durchgehende Erzählstruktur geachtet, und die Verständnisfähigkeit von Kindern wurde berücksichtigt. Dadurch ist dieses Buch zum Kennenlernen der Bibel, sowohl für Kinder als auch für Erwachsene, gut geeignet.

Zur besseren Übersichtlichkeit ist das Buch in zehn Abschnitte gegliedert. „Am Anfang…" hat dem ersten Bibelbuch, Genesis, viel Platz eingeräumt. Die Wahl fiel auf das wundervolle Lied über die Schöpfung und die zwei Geschichten, die darauf folgen. Dann folgt die Bekanntschaft mit einigen bekannten biblischen Personen wie Abraham und Sara, Isaak und Rebekka, Jakob, Esau und Josef. Es sind ausnahmslos Geschichten, die für ein gutes Verständnis der Bibel unverzichtbar sind.

Nach den Geschichten aus Genesis folgen Erzählungen über die Befreiung des Volkes Israel aus der Sklaverei in Ägypten und über den Einzug in das Gelobte Land. Diese Geschichten entstammen den Bibelbüchern Exodus und Josua.

Das Wohl und Wehe des Lebens im Gelobten Land, Treue und Gastfreundschaft, das sind die Themen, die im Bibelbuch Rut vorgestellt werden. Der alttestamentarische Teil wird abgeschlossen mit Geschichten über den Propheten Samuel und die ersten Könige des Volkes Israel: Saul, David und Salomo.

Die Geschichten über die Geburt Jesu werden nach zwei Evangelisten erzählt: Matthäus und Lukas. Die anderen Geschichten über Jesus aus dem Neuen Testament werden dem Evangelium des Markus nacherzählt.

Das Neue Testament endet mit Geschichten über die ersten Jünger Jesu aus den Bibelbüchern Apostelgeschichte und Offenbarung.

Erläuterungen

Das Besondere dieser Bibel ist, daß jeder Geschichte eine kurze, verständliche und zeitgemäße Erläuterung für Erwachsene vorausgeht: Was kann diese Geschichte uns heutzutage noch sagen? Dadurch erhalten auch diejenigen, die in der Bibel nicht (mehr) so ganz zu Hause sind, eine gute Grundlage, um mit Kindern über die Geschichten zu sprechen. Die Erläuterungen überbrücken die Kluft zwischen damals und heute und werfen oft ein überraschend neues Licht auf die Erzählungen.

Oben auf jeder Seite finden Sie einen Hinweis auf die Bibelstelle der jeweiligen Geschichte; so können Sie den Text in der Bibel leichter finden.

Illustrationen

Illustrationen sind für Kinder unverzichtbar. Sie sind der sichtbare Teil einer Geschichte. Die Zeichnungen, die Erika Cotteleer zu den Geschichten gemacht hat, erzählen die Geschichten auf ihre eigene Weise, ergänzen und vertiefen sie. Sie sind trotz aller Einfachheit farbenfroh und oft humorvoll. Diese Kinderbibel ist somit nicht nur ein Vorlesebuch, sondern auch ein Buch zum Anschauen.

Auswertungen

Am Ende dieses Buches finden Sie Vorschläge, um noch mehr mit dieser Kinderbibel zu machen. Es wurde eine durchgehende Auswertung erdacht, mit der man zu Hause oder in der Schule arbeiten kann. Sie finden dort auch Anregungen für das Weihnachtsfest, Ostern und Pfingsten. Die Auswertungen laden die Kinder dazu ein, sich selbst in die Geschichten einzubringen. So kann auf spielerische Weise nachbesprochen und nachgedacht werden, und die Kinder werden noch aktiver in die Geschichten mit einbezogen.

Der Herausgeber

Altes Testament

Genesis

Geschichten über die Schöpfung

Genesis 1,1 bis 2,3	Alle auf die Plätze	14
Genesis 2,8-25	Wie schön du bist	18
Genesis 3,1-24	Der Baum des Wissens	21

Geschichten über Abraham und Sara, Isaak und Rebekka, Jakob und Esau

Genesis 11,26 bis 12,9	Ein Land für Vagabunden	26
Genesis 18,1-15 und 21,1-7	Oma, Oma	30
Genesis 24,1-58	Ein Mädchen für Isaak	34
Genesis 24,59-67	Ich finde dich wunderbar	37
Genesis 25,19-28 und 27,1-46	Zwei Brüder, die immer streiten	41
Genesis 28,1-9 und 29,1-30	Lauf, Junge, lauf	45
Genesis 31,1-21 und 33,1-20	Jede Menge Geschenke	48

Geschichten über Josef

Genesis 37,1-28	Ein Junge mit seltsamen Träumen	53
Genesis 39,1-23	Keine Lust zu küssen	57
Genesis 41,1-45	Der böse Traum des Pharao	61
Genesis 42,1-38	Eine Verbeugung vor dem Unterkönig	65
Genesis 43,1 bis 45,28	Das Fest der zwölf Brüder	68

Genesis

Einleitung zu den Geschichten über die Schöpfung

Die Bibel beginnt mit der Schöpfung. Im ersten Teil des ersten Bibelbuches, Genesis, werden Geschichten vom Beginn des Lebens auf der Erde erzählt.

Gott aller Menschen

Der erste Teil der Bibel, das Alte Testament, enthält Erzählungen über das Volk Israel und die Geschichte dieses Volkes mit Gott. Die Geschichten über die Schöpfung, womit dieser Teil beginnt, sind erst entstanden, als das Volk Israel schon eine lange Geschichte mit Gott hinter sich hatte. Große Teile des Alten Testaments waren schon geschrieben.

Die Geschichten über die Schöpfung sind nicht als Protokoll der Geschehnisse zu sehen. Sie beantworten keine naturwissenschaftlichen Fragen. Sie erzählen in einer besonderen Form, worum es Gott, nach Meinung seines Volkes, geht. Die Schöpfungsgeschichten erzählen, daß dieser Gott, den das Volk Israel kennengelernt hat, der Gott der ganzen Erde und aller Menschen ist.

Weltliteratur

Vom Beginn des Lebens auf der Erde haben alle Kulturen der Welt Geschichten erzählt. Die Weltliteratur kennt Hunderte Schöpfungsgeschichten. Alle Völker haben ihre Vorstellungskraft und Weisheit darin ausgelebt. Das Volk Israel hat auf seine eigene Weise den Beginn des Lebens auf Erden in Worte gefaßt.

Ein guter Anfang

Erläuterung zu „Alle auf die Plätze"

Die erste Geschichte des ersten Bibelbuches ist als Gedicht geschrieben. Es ist ein Lied über das Leben auf Erden, mit einem immer wiederkehrenden Refrain: „Gott sah, daß es gut war."

Dieses Schöpfungslied ist, ebenso wie andere Bibelgeschichten, nicht vom Himmel gefallen. Es ist entstanden zu einer Zeit, die voll ist mit Fragen. Eine Zeit, in der das kleine Volk Israel auf bedrohliche Weise mit den großen Völkern, die es umgeben, konfrontiert wird. Die Fragen, die die Menschen zutiefst beschäftigen, werden in dieser Zeit eindringlich gestellt: Wo kommt die Welt her, und wo geht es mit der Welt hin? Gibt es etwas oder jemanden, der am Beginn und am Ende des Lebens steht? Die benachbarten Völker haben ihre eigene Antwort auf diese Fragen. Ihnen zufolge ist die Welt nicht gut. Dunkle Mächte beherrschen das Leben. Die Menschen sind wehrlos, ausgeliefert den Göttern der Natur wie Sonne und Mond, und den Göttern, die unmenschliche Opfer verlangen.

Das Volk Israel kennt Geschichten über einen Gott, der sein Volk behütet und befreit und Richtung gibt. Aber hat dieser Gott auch etwas zu tun mit dem Weltgeschehen, mit den großen Völkern und ihren großen Göttern? Die Antwort auf diese Fragen wird in der ersten Schöpfungsgeschichte gegeben. Es ist ein Glaubensbekenntnis, es erhebt sich eine Gegenstimme, gegen das alte Lied über böse Mächte und wehrlose Menschen. Sie erzählt, daß der Gott, den das Volk Israel kennengelernt hat, am Anfang von allem steht, und nicht irgendeine Gottheit.

Licht! ist das erste Wort, das erklingt in diesem Schöpfungslied. Hiermit beginnt alles, von dem Gott sah, daß es gut war. Die Dunkelheit wird zurückgeführt zur Nacht, ist nicht mehr als die Zeit zum Schlafen. Und die bösen Mächte und Götter der Finsternis? Die werden ordentlich in ihre Schranken verwiesen.

Die Sonne und der Mond, vor denen Völker sich verbeugen? Die brauchen sich nichts einzubilden. Gott hat sie am vierten Tag nochmal zurechtgerückt. Sie sind nur ein paar Arbeitslampen am Himmel.

Die Tiere und die Menschen werden an einem Tag geschaffen, sie stehen sich nahe. Menschen sind einfach ein Teil der Schöpfung, göttlich sind sie nicht. Aber sie sind wohl geschaffen nach dem Ebenbild Gottes. Menschen sollen zur Erde, zur Natur und zu den Tieren so gut sein, wie Gott es ist.

Genesis 1,1 bis 2,3

Alle auf die Plätze

Am Anfang gab es nichts, gar nichts. Es gab keinen Himmel und keine Erde. Es gab kein Licht, und es gab keine Dunkelheit. Es gab kein Gestern und kein Heute. Und kein Morgen. Es war kein Mensch zu finden. Nur Gott war da.

Und auf einmal, einfach so auf einmal, als niemand dabei war, schuf Gott den Himmel und die Erde. Das war der Anfang. Die Erde war eine Schlammpfütze. Es war stockfinster. Bis etwas passierte. Es war Gott, der rief: „Licht!" Und siehe da, es gab Licht.

„Das sieht gut aus", sagte Gott. „Licht, dich nenne ich von jetzt an Tag." Dann schaute Gott auf die Dunkelheit. „Diese Dunkelheit da soll nicht glauben, daß sie den Chef spielen kann." Und Gott befahl: „Dunkelheit, du da, auf deinen Platz. Du heißt Nacht."

Das war Tag eins.

Überall, wo man hinschaute, war Wasser. Wasser, Wasser und nochmal Wasser. Gott steckte das Wasser oben in die Wolken. Drumherum machte er die Luft. „Dich nenne ich Himmel", rief er der Luft zu.

Das war Tag zwei.

Unten war alles noch beim alten. Naß, naß, naß! Das ist nichts, dachte Gott. Er goß all das Wasser in Bäche, Flüsse und Meere. Drumherum wurde es trocken. „Das Trockene", rief Gott, „das nenne ich Erde."
Die Erde begann zu blühen. Das Gras und die Sträucher fingen an zu wachsen, und die Bäume wurden groß.

Das war Tag drei.

Jetzt noch ein paar Lampen dazu. Gott machte die Sonne und sagte: „Sonne, du scheinst tagsüber." Und die Sonne schien am Tag. Danach schuf Gott den Mond und die Sterne. „Hört gut zu", sagte er, „ihr seid die Lichter in der Nacht." Der Mond und die Sterne stellten sich auf ihre Plätze. Und sie schienen während der Nacht.
Das war Tag vier.

Gott machte die Vögel. Rote und grüne, gelbe und blaue Vögel machte er. „Fliegt nur aus", rief er. Und die Luft war voll von ihrem Gezwitscher.
Dann schuf Gott die Fische. „Schwimmt!" rief er. Und die Fische schwammen die Flüsse hinab. Man sah das Wasser spritzen. So eine Eile hatten sie, um alle Meere zu füllen.
Das war Tag fünf.
Danach schuf Gott die anderen Tiere. Die Kühe und die Schafe, die Giraffen und die Elefanten. Und das Zebra. Das zappelte vor Ungeduld. War Gott denn immer noch nicht fertig? „Ja, ja", brummte Gott, „ich weiß schon, du bist ungeduldig. Aber dir fehlen noch drei Streifen." Als Gott fertig war, rief er: „Los, renn!" Aber das Zebra hörte es nicht mehr. Es war schon weggesprungen.

In die weite Welt hinein. Gott schaute ihm nach und dachte: „Es ist genau richtig!"
Dann begann Gott mit seinem Meisterwerk. Er schuf die Menschen. Einen Mann und eine Frau. Und er machte sie so, wie er selbst aussah. „Wie bin ich froh, daß ihr da seid," rief er. „Schaut nur, was ich alles gemacht habe: das Licht, den Himmel und die Erde und die Tiere. Das schenke ich euch alles. Sorgt gut dafür."
Gott sah sich alles an, was er an dem Tag gemacht hatte. „Was für eine Arbeit", sagte er, „aber es ist wundervoll geworden, wenn ich so sagen darf."
Das war Tag sechs.

Genesis 1,1 bis 2,3

Am letzten Tag stand Gott auf, und er rief: „Guten Morgen, siebter Tag. Dich nenne ich Sabbat. Du willst sicher wissen, was ich heute tun werde? Spitze deine Ohren! Heute werde ich nichts tun. Überhaupt nichts. Denn heute werde ich meine neue Aussicht genießen."
Das war der siebte Tag.

In den Augen eines anderen

Erläuterung zu „Wie schön du bist"

Wenn eine Lehrerin etwas Wichtiges erklärt, macht sie das oft auf verschiedene Arten, so daß die Schüler gut verstehen, worum es geht. So ist es manchmal auch in der Bibel. Die zweite Geschichte im Buch Genesis erzählt wieder von der Schöpfung, und sie zeigt aus einer anderen Perspektive, was Gott mit der Erde und den Menschen vorhat.

In der zweiten Schöpfungsgeschichte steht der Mensch im Blickpunkt. Es wird erzählt, daß der Mensch etwas mit der Erde zu tun hat. Er ist daraus gemacht, er wird danach benannt. In der Sprache, in der das Alte Testament geschrieben wurde, dem Hebräischen, ist *adam* das Wort für Mensch. Dieses Wort ist abgeleitet von dem Wort für Erdboden, *adama*. Außerdem erhält der Mensch von Gott ein Stück gute Erde zugeteilt, als Wohnort und Arbeitsplatz. Einen Garten zum Bearbeiten und Beschützen. So wurde die Erde dem Menschen auch anvertraut, um gut für sie zu sorgen.

In dieser zweiten Schöpfungsgeschichte wird auch deutlich gemacht, daß der Mensch von Anfang an als „Mitmensch" gemeint ist. Im Bibeltext steht: „Es ist nicht gut, daß der Mensch allein sei." Der Mensch braucht einen Mitmenschen. Ein Mensch alleine ist einsam. Damit ist nicht gemeint, daß man nur ein Mensch ist, wenn man eine Liebesbeziehung hat. Mitmensch zu sein ist viel weiter gefaßt. Aber man wird erst zum Menschen, zum Mitmenschen, wenn man in die Augen eines anderen schaut und sich dadurch ansprechen läßt.

Menschen sind unterschiedlich. Das wird in dieser Geschichte durch den fundamentalsten Unterschied herausgestellt: daß sie Mann und Frau sind. Aber so verschieden die Menschen auch sind, in welcher Hinsicht auch immer, sie sind als Mitmenschen gedacht.

In dieser Geschichte ist Gott ganz nah. Er wandelt auf der Erde umher, pflanzt einen Garten und spricht mit dem Menschen als seinem Freund. Alles ist mehr als gut.

Genesis 2,8-25

Wie schön du bist

Gott war mächtig stolz auf die Menschen, die er gemacht hatte. Wie wunderbar sie sind, dachte er. Sieh nur, wie elegant sie gehen. Und wie ihre Augen glänzen, wenn das Licht darauf fällt. Gott würde die Menschen am liebsten den ganzen Tag verwöhnen. Und für sie singen: „Oh, wie schön du bist!" Er begann alles nochmal nachzuzählen. Fünf Zehen an dem einen Fuß, fünf Zehen am anderen Fuß. Und ihre Hände: fünf Finger an der einen und fünf Finger an der anderen Hand. Zum Glück stimmte alles genau. Aber manchmal machte Gott sich Sorgen. Dann dachte er daran, was so alles mit den Menschen passieren kann. Stell dir vor, daß sie in das tiefe Meer fallen und ertrinken. Oder daß der Sturmwind sie mitnimmt. Darum machte er einen großen Garten. Bestimmt so groß wie zwanzig Parks. Mit vier Flüssen und hundert Bäumen, Sträuchern und Pflanzen. Um den Garten herum machte Gott eine hohe Mauer, mit einem Tor, das man abschließen konnte.

„Dieser Garten ist für euch", sagte Gott zu den Menschen. „Hier seid ihr sicher. Ihr dürft alles essen. Auch von allen Bäumen. Vom Birnbaum, Apfelbaum, Mandelbaum und vom Pflaumenbaum. Aber von einem Baum dürft ihr nicht essen. Der Baum, der mitten im Garten steht, der Baum des Wissens, davon müßt ihr die Finger lassen."

Die Menschen waren sehr glücklich in dem Garten. Die Frau hieß Eva und der Mann Adam. Oft sagten sie zueinander: „Wie reizend wir hier doch wohnen." Und sie nannten den Garten „unser Paradies".

Tagsüber arbeiteten sie im Garten. Eva jätete zwischen den Wurzeln, während Adam das Unkraut rupfte. Oder umgekehrt. Adam jätete zwischen den Wurzeln, und Eva rupfte das Unkraut.

Sie machten einfach, wozu sie Lust hatten. Nach der Arbeit aßen sie. Soviel sie wollten, denn von allem gab es genug. Manchmal nahmen sie sich sogar zwei oder drei Portionen. Auch wenn es Mandeltorte war oder Feigenkuchen. Sie hatten keine Kleider an. Also brauchten sie auch nicht aufzupassen, ob sie dreckig werden oder zerreißen könnten.

Abends, wenn Adam und Eva mit ihrer Arbeit fertig waren, spielten sie mit den Tieren. „Fang mich, wenn du kannst", trompetete der Elefant. Und er fing an zu rennen. Alle rannten sie hinterher. Der Löwe, der Otter und Adam und Eva. „Schnapp, ich hab' dich", brüllte der Löwe. Und er biß den Elefanten in den Hintern. Aber nur zum Spaß. Der Elefant ließ sich auf die Seite fallen, daß die Erde bebte. Sie lachten alle so laut, daß es bis in den höchsten Himmel schallte. Auch Gott hörte es. Er schaute nach unten und sah die Menschen und Tiere miteinander balgen. Er schüttelte den Kopf. Aber es schien doch wirklich, als ob man Gott selbst lachen hörte.

Genesis 2,8-25

Genesis 3,1-24

Mensch, wo bist du?

Erläuterung zu „Der Baum des Wissens"

Wenn alles von Beginn an so gut ist und so gut gemeint war von Gott, wie kommt es dann, daß die Welt so ist, wie sie ist? Warum gibt es Streit und Krieg? Warum sind nicht alle Menschen glücklich und froh? In der nächsten Geschichte geht die Bibel auf diese Fragen ein.

Die Geschichte über das verlorene Paradies beschreibt nicht etwas, das ein für allemal passiert ist. „Schade, daß Eva und Adam es damals so vermasselt haben, das können wir jetzt ausbaden und können gar nichts daran ändern." Nein, die Geschichte zeigt, was immer wieder aufs neue geschieht. Wie die Menschen Entscheidungen treffen, die das gute Leben verderben. Wie sie sich durch Lügen verführen lassen und nicht auf die Stimme Gottes hören, der zeigt, was gut ist und wo die Grenzen liegen.

Gott hat eine Grenze aufgezeigt, und sie liegt bei diesem einen Baum: dem Baum der Erkenntnis von Gut und Böse. Davon darf der Mensch nicht essen. Die Früchte dieses Baumes sind nicht für den Menschen bestimmt.

Das ist nicht als Prüfung gemeint. Es geht um etwas, das viel wesentlicher ist. Dazu verwendet diese Geschichte ein bekanntes Bild aus der Zeit, in der sie entstand: ein Garten, der versorgt werden muß, und ein Baum, von dem nicht gegessen werden darf.

Der Mensch ist nicht der Eigentümer des Gartens, er darf ihn versorgen. Und jeder Garten, der nicht dein Eigentum ist, hat so einen Baum: den Baum des Besitzers. Wenn man diesen Baum berührt, benimmt man sich wie ein Besitzer, nicht wie ein Beschützer. Dann nimmt man, was einem nicht gehört, dann überschreitet man die Grenze.

Der Mensch fällt aus seiner Rolle als Mensch und Mitmensch, wenn ihm seine Aufgabe, die Erde zu behüten, nicht genügt. Er will selbst Gott sein. Aber die Erkenntnis von Gut und Böse tut dem Menschen nicht gut. Er versteht nicht, damit umzugehen. Er bekommt Angst, er versteckt sich. Der Mensch wird von Gott aus seinem Versteck und zur Verantwortung gerufen: „Mensch, wo bist du? Wo stehst du? Welche Entscheidungen triffst du? Was machst du mit deiner Verantwortung als Beschützer der Erde?"

Die Antwort ist enthüllend und erkennbar. Die Schuld wird einem anderen zugeschoben. Adam gibt Eva die Schuld, und Eva gibt der Schlange die Schuld. Aber Gott zieht sie selbst zur Verantwortung. Sie haben eine Wahl getroffen und müssen mit den Folgen leben. Sie werden außerhalb des Gartens leben müssen, in einer Welt, in der es Gut und Böse gibt. Das ist eine harte Wirklichkeit. In dieser Welt stehen die Menschen aber nicht alleine da. Menschen sind ja auch Mitmenschen, mit der Möglichkeit, das Gute zu wählen. Und Gott selbst geht mit den Menschen auf ihrem Weg durch die Welt.

Der Baum des Wissens

Mitten im Paradies stand ein Baum. Kein gewöhnlicher Baum, sondern ein Baum des Wissens. Als die Menschen ins Paradies einzogen, hatte Gott gesagt: „Ihr dürft von allem essen, aber nicht von dem Baum des Wissens. Davon müßt ihr die Finger lassen!"
Nun wollte Eva gerne alles wissen über die Dinge. Über Wie und Warum und Wieso? Eva war wirklich eine neugierige Person. Und was ist schöner für eine neugierige Person als ein Wissensbaum? Darum stand sie oft einen Augenblick still bei dem Baum. Ob die gut schmecken, die Wissensfrüchte? dachte sie.
Eines Tages, als Eva mal wieder den Baum ansah, raschelte etwas zwischen den Blättern. Es war die Schlange. Die wohnte auch im Garten. Ein richtiger Schleimer war die Schlange. „Gott erlaubt dir sicher nicht, von den Bäumen zu essen?" fragte sie.
„Gar nicht wahr!" antwortete Eva. „Klar dürfen wir von den Bäumen essen. Nur von diesem einen Baum dürfen wir nicht essen. Dann sterben wir."
„So ein Unsinn!" zischte die Schlange. „Du wirst überhaupt nicht sterben. Wenn du davon ißt, wirst du groß und klug werden. Genau wie Gott. Du wirst alles wissen. Die guten Dinge, aber auch die bösen Dinge."
Eva schaute wieder auf den Baum.
Es schien, als ob die Wissensfrucht ihr zuzwinkerte. Eva dachte: Stell dir vor, daß ich genau so klug und weise werde wie Gott. Sie streckte ihre Hand aus.
Sie pflückte die Wissensfrucht und nahm einen Bissen.
Da kam Adam gelaufen. Er war auf der Suche nach Eva. „Oh, da bist du!" rief er.
„Hier, für dich," sagte Eva. Und sie gab ihm von der Wissensfrucht. Auch Adam nahm einen Bissen.
Adam und Eva sahen sich an.
Sie dachten etwas, was sie früher nie gedacht hatten.
Stell dir vor, er schlägt mich! dachte Eva.
Gleich nimmt sie mir etwas weg! dachte Adam.
Auf einmal hatten sie Angst voreinander.
Sie flohen jeder in eine Richtung. In die Sträucher.

Am Abend kam Gott vorbei auf seinem Spaziergang durch den Garten. Er war auf der Suche nach Adam und Eva. Sonst spielten sie doch immer im Garten? Wo waren sie denn jetzt? Gott rief: „Adam, Eva, wo seid ihr?"
Nach einer Weile kamen Adam und Eva aus den Sträuchern hervor.
Adam sagte zu Gott: „Ich hörte dich kommen, und ich bekam Angst. Ich bin ja auch so nackt."
„Adam, du hast doch nicht etwa von dem Baum gegessen?" rief Gott.

Genesis 3,1-24

„Ich, ich..." stotterte Adam. „Ich nicht, aber sie hat mir von dem Baum gegeben!"
Gott fragte Eva: „Eva, was hast du getan?"
„Ich hab'...ich...nein, die Schlange hat es getan. Sie hat gesagt, daß ich von dem Baum essen muß", antwortete Eva.
Gott drehte sich um.
Er versteckte sich im Himmel. „Ich bedauere es, daß ich die Menschen gemacht habe", rief er. „Ich hätte nie damit anfangen sollen."

Am nächsten Tag nähte Gott ein paar Stoffetzen aneinander. Die gab er Adam und Eva. „Ihr könnt hier nicht bleiben", sagte er. „Ihr werdet jetzt in der Welt wohnen. Zieht diese Kleider an. Dann seid ihr nicht mehr so nackt."
So verließen Adam und Eva den Paradiesgarten. Sie gingen in die Welt. Und Gott ging mit ihnen, denn sie blieben doch seine Kinder.

Genesis

Einleitung zu den Geschichten über Abraham und Sara, Isaak und Rebekka, Jakob und Esau

Der zweite Teil des Bibelbuches Genesis erzählt die Geschichten über die Stammväter und Stammütter: Abraham und Sara, Isaak und Rebekka, Jakob und Lea und Rachel.

Glaubensgeschichte

Die Geschichten über die Schöpfung haben Gottes Bemühen um die Welt und die Menschen im Allgemeinen gezeigt. Jetzt richtet sich die Aufmerksamkeit auf ein ganz besonderes Paar: Abraham und Sara. Sie stehen am Beginn eines Volkes.

Die Erzählung über diese beiden Menschen berichtet vom Beginn der Geschichte des Volkes Israel als Gottes Volk. Sie besteht nicht aus einer Aufzählung von Fakten und Jahreszahlen, sondern ist eine Geschichte vom Glauben. Sie erzählt die immerwährende Geschichte von Gott, der mit seinem Volk, seinen Menschen, unterwegs ist. Die Geschichten über dieses Volk berichten zugleich, worum es Gott mit der ganzen Menschheit geht.

Normale Menschen

Die Stammväter und Stammütter werden geehrt. Aber sie werden nicht beschrieben als Helden oder Heilige. Es sind normale Männer und Frauen. Die Geschichten erzählen von Glauben und Unglauben, Mut und Feigheit, Treue und Untreue. Gott ist immer dabei, bei diesen Menschen und diesem Volk.

Unfruchtbarkeit

Alle Stammütter sind zunächst unfruchtbar. Das hat eine Bedeutung für die Geschichte des Volkes Israel. Dabei müssen wir uns klar machen, daß diese Bibelgeschichten zu einer Zeit entstanden sind, in der die Fortpflanzung etwas war, von dem die Menschen dachten, daß sie darauf nicht den geringsten Einfluß hätten. Wenn in diesen Geschichten eine unfruchtbare Frau ein Kind bekommt, bedeutet das: Es ist nicht das Werk der Menschen, sondern Gottes Werk. Und so ist dieses Volk auch entstanden.

Das Thema der Geburt bei einer unfruchtbaren Frau hat noch mehrere Bedeutungen. Es fragt nach Gottvertrauen, dem Glauben, daß es trotz allem eine Zukunft gibt. Es betont das Besondere desjenigen, der geboren wird. Und es teilt den Frauen in diesen Geschichten eine wichtige Rolle zu. Letzteres ist bemerkenswert in einer von Männern beherrschten Kultur. Wenn es um die Nachkommenschaft geht, sind die Väter die großen Abwesenden, das ist eine Sache zwischen Gott und den Müttern.

Ein Auftrag und ein Versprechen

Erläuterung zu „Ein Land für Vagabunden"

Manchmal beschließen Menschen, sich woanders ein neues Leben aufzubauen. Oft hat das mit ihrer Arbeit zu tun. Mit der Aussicht auf eine bessere Stelle lassen sie ihre vertraute Umgebung zurück. Sie werden Freunde und Familie vermissen. Sie müssen den Sportverein, die geliebte Landschaft aufgeben. Vieles ist unsicher. Wird es gutgehen? Werden sie sich einleben können, neue Freunde finden, glücklich sein? Dennoch gehen sie. Was sie treibt, ist die Hoffnung auf eine bessere Zukunft. Aber es ist und bleibt ein Wagnis.

Auch für Abraham und Sara ist vieles unsicher. Sie ziehen weg aus ihrem Land und verlassen ihre Familie. Sie gehorchen dem Auftrag Gottes: „Geht!" Aber Gott hat nicht nur einen Auftrag gegeben. Er gab auch ein Versprechen. Bei all dem Unsicheren ist eines sicher: Die unbekannte Zukunft ist eine Zukunft mit Gott. Sie sind auf dem Weg in das Gelobte Land. Das beinhaltet mehr als einen Ort, den man auf der Landkarte zeigen kann. Es ist das Land, in dem Gott sich zu erkennen geben wird – wo Menschen miteinander und mit Gott gut zusammen leben können.

Gottes Versprechen lautet: „Ich werde euch segnen." Jemanden zu segnen bedeutet, gute Worte über jemanden zu sagen. Gott sagt zu Abraham und Sara: „Ich werde gut zu euch sein." Mit diesem Versprechen ist auch ein Auftrag verbunden: „Ich werde gut zu euch sein, so daß ihr ein Segen für andere sein werdet." Es ist wie der Stein in einem Teich, der immer größere Kreise macht. Gottes Segen, der bei Abraham und Sara beginnt, wird sich über die ganze Erde ausbreiten, über alle Menschen.

Diese Geschichte wird schon seit Jahrhunderten weitererzählt. Es gab immer und überall Menschen, die sich darin wiedererkannten. Menschen, die erfahren, daß das Leben ein Wagnis ist. Menschen, die manchmal weiter müssen ohne Sicherheiten. Menschen, die die Zukunft nicht kennen, aber auf das Versprechen Gottes vertrauen können: „Ich werde bei euch sein, ich werde gut zu euch sein, ich werde euch segnen."

Genesis 11,26 bis 12,9

Ein Land für Vagabunden

Abraham und Sara wohnen in einem Zelt. Immer. Ihr Zelt ist ihr Haus. Ein sehr praktisches Haus. Wenn sie umziehen müssen, sind sie schnell fertig. Sie brauchen nur das Zelt abzubauen und die Sachen auf die Esel zu laden.

Abraham und Sara ziehen oft um. Zusammen mit ihrem Neffen Lot und seiner Familie. Und zusammen mit all ihren Knechten und den Frauen und Kindern der Knechte. Wenn das Gras für die Schafe und Ziegen alle ist, packen sie ihre Zelte ein und suchen nach einem Platz, wo es noch Gras gibt. Aber heute müssen sie nicht weg. Es gibt noch genügend Gras und Wasser.

Abraham sitzt vor seinem Zelt. Von fern hört er Lämmer meckern. Eine Biene summt um seinen Kopf. Plötzlich denkt Abraham daran, daß er sein Messer schleifen lassen muß, in der Stadt. „Igitt," brummte er vor sich hin, „ich mag die Stadt nicht, mit diesen Stadtmenschen, die vor uns die Nase rümpfen." Er denkt an das letzte Mal, als er in der Stadt war. „He, Vagabund, du da", hatte jemand ihm zugerufen.

Auf einmal erschrickt Abraham. Er hört jemanden rufen: „Abraham, bist du da?" Abraham springt auf. Ist das Sara, die da ruft? Er schaut sich um. Er sieht niemanden. Ob Sara wohl einen Scherz mit ihm treibt? Er steht auf und sieht hinter dem Zelt nach.

Nein, da ist niemand. Er setzt sich wieder hin. Erneut hört er die Stimme rufen: „Abraham!" Es ist die Stimme Gottes.

„Abraham, geh' weg von hier", sagt Gott. „Ich werde dir ein Land zeigen, in dem du wohnen kannst. Dort wird deine Familie größer und größer werden. Bis sie alle zusammen ein ganzes Volk sind. Das Volk von Abraham. Jeder wird deinen Namen kennen. An den entferntesten Orten der Erde werden die Menschen sagen: Abraham? Ja sicher, von dem haben wir gehört."

Abraham steht auf. Er geht zu seiner Frau Sara. Er ruft seinen Neffen Lot. „Wir reisen ab", sagt er. „Sorge dafür, daß die Schafe und Ziegen zusammengetrieben werden. Brich die Zelte ab und mache Essen für unterwegs."

„Abreisen?" ruft sein Neffe Lot erstaunt. „Warum? Das Gras bei der Schlucht ist noch grün! Und der Bach ist voller Wasser!" Abraham erklärt Lot und Sara, daß er die Stimme Gottes gehört hat. „Gott hat mir ein Land zum Wohnen versprochen", sagt er. „Ein Land, wo niemand uns als Herumtreiber beschimpfen wird."

„Die Stimme Gottes gehört?" Lot kratzt sich am Kopf. „Und dieser Gott hat dir ein Land versprochen, wo du wohnen kannst? Sowas hab' ich noch nie gehört. Bist du sicher, daß Gott dich meinte?"

Abraham nickt. „Ja, Gott meinte mich." Lot schüttelt ungläubig den Kopf. „Sowas Ver-

Genesis 11,26 bis 12,9

rücktes habe ich noch nie gehört," sagt er wieder. Sara zieht Lot am Arm mit. „Komm, Lot, du weißt auch nicht alles."
Sara geht zu den Frauen, um ihnen zu sagen, daß sie packen sollen. Lot geht zu den Knechten und befiehlt: „Aufbrechen und einpacken, heute noch!"
Die Kinder rennen umher. „Hast du das gehört? Wir ziehen um in ein Land, in dem wir wohnen werden. Nicht nur kurz, bis das Gras alle ist, sondern für ganz lange Zeit."
„Es ist ein gelobtes Land", sagt ein Mädchen. Sie hat selbst gehört, wie Sara es ihrer Mutter erzählte. Die Kinder denken sich alles Mögliche aus über das Gelobte Land. Über Höhlen, wo man Versteck spielen kann. Über einen Bach mit einem kleinen Strand, wo man schwimmen kann. „Beeilt euch!" rufen die Eltern. „Packt eure Sachen ein. Oder helft wenigstens mit beim Brote schmieren."

Am Ende des Nachmittags gehen sie weg. Jeden Tag packen sie aufs neue und ziehen weiter nach Süden. Bis sie an einen Ort kommen, wo hohe Bäume stehen. Man kann die Vögel dort den ganzen Tag singen hören. Am Wasser wiegen sich hohe Schilfgarben im Wind. „Hier ruhen wir uns aus", ruft Abraham. Sara und Lot und alle Knechte mit ihren Kindern steigen von den Eseln und Kamelen. Sie sind steif vom langen Sitzen. Sie fangen an herumzurennen. „Laßt uns Bäumchen-wechsel-dich spielen", ruft ein Kind. Aber es gibt so viele Bäume zu wechseln, daß man durcheinander gerät. Abraham verschnauft ein bißchen im Schatten. Schön ist es hier, denkt er. Und ruhig. Er bewegt die Nasenflügel. Es riecht nach Ginster und wilden Veilchen. Abraham legt sich hin. Die Hände unter dem Kopf. Auf einmal hört er eine Stimme. Es ist die Stimme Gottes, die sagt: „Dies ist das Land, in dem du mit deinem Volk wohnen wirst."
Abraham springt auf. Er geht zum Bach und fängt an, flache Steine aufzusammeln. Damit baut er etwas Schönes, einen Altar. Das ist Abrahams Art, sich bei Gott zu bedanken.

Lange gewartet, nie gedacht... Sara lacht

Erläuterung zu „Oma, Oma"

Viele Menschen weinen vor Freude, wenn ihr Kind geboren wird. Sogar die abgeklärtesten Väter und Mütter. Über Sara wird erzählt, daß sie lacht, als ihr Sohn Isaak geboren wird. Er ist ein Kind des Lachens. Sein Name bedeutet auch: „Lachen."

In dieser Geschichte wird reichlich gelacht. Ungefähr ein Jahr, bevor Isaak geboren wurde, hat Sara auch gelacht. Das war ein Lachen, in dem viele verschiedene Gefühle anklangen. Abraham hatte Besuch. Besonderen Besuch mit einer besonderen Botschaft, für Sara bestimmt. Innerhalb eines Jahres wird Sara einen Sohn bekommen. Die Botschaft löst bei Sara ein Lachen aus. Ein lachendes Weinen, ein grimmiges Lachen, ein Lächeln? Schmerz und Trauer klingen darin an, um die nie erfüllte Sehnsucht nach einem Kind. Zynismus und Zorn, weil sie schon lange unfruchtbar ist. „Damit kommt ihr ein bißchen spät, meine Herren." Aber es klingt auch eine zweifelnde Freude mit und Hoffnung. Ein verlegenes Lachen bei dem Gedanken an ein so großes Wunder.

Für Gott ist kein Wunder zu groß, sagt diese Geschichte. Er hat Abraham und Sara einen Sohn versprochen, dieses Versprechen wird er halten. Aber auf seine Art, zu seiner Zeit. Es lief überhaupt nicht so, wie Abraham und Sara es erwartet hatten. Sie mußten furchtbar lange warten. Als Gott es nicht tat, dachten sie, daß sie das Versprechen selbst erfüllen müßten. Sie haben es sogar mit einer Leihmutter versucht. Aber das wurde kein Erfolg.

Schließlich zeigt sich, daß Gott macht, was er gesagt hat. Gott kommt selbst, um es zu berichten. Drei Männer kommen zu Besuch. Engel sind es, Botschafter von Gott. Zwei von ihnen verschwinden in den Hintergrund, einer wird zur Stimme Gottes. Diese Gotteserscheinung hat etwas sehr Fühlbares: Die unerwarteten Gäste bekommen zu essen und zu trinken. So nahe kommt Gott zu den Menschen, so normal: Er sitzt ihnen gegenüber am Tisch. Und so ungewöhnlich ist das, was er zu sagen hat: daß es Leben und Zukunft gibt, auch wenn die Menschen es nicht mehr für möglich halten.

Genesis 18,1-15 und 21,1-7

Oma, Oma

Sara sitzt in ihrem Zelt. Durch das dicke braune Zelttuch dringt nur wenig Licht ins Innere. Draußen hört man die Stimmen von Kindern. Es sind die Kinder der Knechte von Abraham. Sie streiten darüber, wer als erster am großen Zweig baumeln darf. Die ganze Zeit hört man: „Ich bin dran! Ich bin dran!" Lauter als die anderen klingt die Stimme von Ismael. „Schau mal, wie hoch ich komme!" Ismael ist ein Wildfang. Manchmal ist er wie ein junges Fohlen.
Sara hat keine Kinder. Trotzdem rufen die Kinder manchmal: „Oma, Oma!" Aber sie wissen sehr gut, daß Sara nicht ihre Oma ist. Sara sieht auf ihre Hände. Sie sind runzelig. So alt ist sie schon.
Plötzlich hört Sara Männerstimmen. Fremde Männerstimmen. Das müssen Gäste sein! „Willkommen", hört sie Abraham sagen. Sara steht auf. Abraham öffnet die Zelttür und steckt den Kopf hinein. „Schnell, Sara", sagt er, „wir haben Gäste. Drei Männer. Backe etwas Brot. Nimm nur das beste Mehl, das wir haben."
Sara geht nach draußen. Sie ruft den Knecht. „Schnell! Hole Wasser! Dann mache ich rasch den Teig fertig."
Abraham läuft hin und her zwischen den Zelten. Überall erteilt er Aufträge. Seinem ältesten Knecht sagt er: „Schnell, schlachte einen Ziegenbock." Und einem anderen Knecht: „Mach' du das Feuer."
Als der Knecht Wasser geholt hat, beginnt Sara, den Teig mit ihren Händen zu kneten. Ich habe zwar alte Hände, denkt sie, aber niemand knetet den Teig so schnell wie ich. Sie schiebt die Brote in den Ofen. „So!" Sara geht zurück zum Zelt. Es dauert noch ein wenig, bis die Brote fertig sind. Hinter dem Zelt sitzen die Gäste. Sie reden mit Abraham. Sara hört alles, was sie sagen. Sie kann wirklich nichts dafür. Zelte sind auch so hellhörig.
„Wo ist deine Frau Sara?" fragt einer der Gäste.
„Im Zelt", hört sie Abraham antworten.
„In einem Jahr komme ich wieder", sagt der Gast. „Dann wird Sara ein Kind haben."
Sara setzt sich auf. Sie kneift sich kurz in den Arm. Nein, sie schläft nicht. Sara sagt leise: „Ich noch ein Kind?" Sie lacht. „Ha, ha, ich jetzt noch Kinder?" sagt sie wieder. „Ach was!"
„Ich soll in meinem Alter noch Kinder stillen können?" Darüber muß sie sehr lachen.
Plötzlich hört sie den Gast draußen sagen: „Sara, warum lachst du? Und warum sagst du: ‚Werde ich alte Frau noch ein Kind bekommen?' Glaubst du, daß das zu schwierig ist für Gott?"
Sara erschrickt. „Aber nein", ruft sie durch das Zelt. „Ich habe nicht gelacht!" Sara denkt: Wer war diese Stimme? Es ist doch nicht etwa Gott selbst?
Am Ende des Tages reisen die Gäste ab.
Eine Weile später wird Saras Bauch rund. „Seht", rufen die Kinder, „Saras Bauch ist

Genesis 18,1-15 und 21,1-7

31

Genesis 18,1-15 und 21,1-7

dick, weil sie ein Baby kriegt."
Die Kinder gehen zu Sara.
„Sara", fragen sie, „wenn das Kind da ist, dürfen wir es dann auch mal halten?"
„Natürlich", sagt Sara. „Aber zuerst will ich es selbst halten."

Das Kind wird geboren. Es ist ein kleiner Junge. Sara hält ihn fest in ihren Armen. „Ich nenne ihn Isaak", sagt sie. Und Sara lacht.

Es ist Saras Art, sich bei Gott zu bedanken.

Die Berufung Rebekkas

Erläuterung zu „Ein Mädchen für Isaak" und „Ich finde dich wunderbar"

Rebekka holt täglich Wasser am Brunnen. Dort verändert eine ungewöhnliche Begegnung ihr ganzes Leben. All ihre Gewohnheiten, alles, was ihr vertraut ist, wird sie hinter sich lassen, um Isaak zu heiraten.

Als ob man durch einen Kurierdienst ein Päckchen abholen läßt, so wird Elieser, der alte vertraute Knecht Abrahams, losgeschickt. Er soll eine Frau für Isaak mitbringen. Das war damals normal. Eine Eheschließung zu regeln war Männersache. Die jungen Leute, um die es ging, hatten wenig darüber zu bestimmen. Darum ist es so außergewöhnlich, daß Rebekka selbst den Beschluß faßt, mitzugehen.

Sehr ausführlich wird in der Bibelgeschichte geschildert, wie Elieser Gott um Hilfe bittet bei der Suche nach einer Frau für Isaak. Dabei wird es überdeutlich, daß es kein Zufall ist, daß Rebekka Elieser beim Brunnen findet. So wie Abraham gerufen wurde, um sein Vaterland zu verlassen, so wird Rebekka von Gott aufgefordert, aus ihrem Elternhaus auszuziehen. In diesen mehr als zufälligen Ereignissen hört sie die Stimme Gottes.

Rebekka geht. Der Weg, den Gott mit Abraham und Sara eingeschlagen hat, ist keine Sackgasse. Er ist nicht nur bei den beiden geblieben. Eine neue Generation geht denselben Weg. Immer wieder werden Männer und Frauen eingeladen, loszulassen, was ihnen vertraut ist, um es mit Gott zu wagen. Auf ihre eigene Art und Weise.

Ein Mädchen für Isaak

Abraham sitzt mit dem Rücken an einem Baum gelehnt. Er sieht auf die grasenden Schafe und Ziegen. Ein Stück weiter ist Isaak am Kühemelken. Isaak ist groß geworden. „Junger Herr" nennen die Knechte ihn schon.
Plötzlich geht einer der jungen Stiere durch. Isaak rennt hinterher. Er faßt das Tier an den Hörnern und bringt es zurück. Mit einer Leine bindet er den kleinen Stier am Zaun fest.
„Gut macht er das", sagt Abraham laut. „So machte ich das auch, als ich jung war." Abraham geht zu seinem Zelt zurück. Er ruft seinen alten Knecht. „Hör zu", sagt er. „Unser Isaak ist groß geworden. Es wird Zeit, daß er heiratet. Ich will, daß du zurückgehst in das Land, in dem ich früher gewohnt habe. Suche dort ein Mädchen für Isaak."
„Aber Herr", sagt der Knecht, „bestimmt finde ich ein Mädchen, das sagt: ‚Ich kenne diesen Isaak gar nicht. Ich will ihn überhaupt nicht heiraten.' Ich weiß etwas viel Besseres. Ich nehme Isaak mit."
Abraham schüttelt den Kopf. „Kommt nicht in Frage", sagt er, „du gehst alleine. Gott wird dir helfen."
Der Knecht holt sein Kamel. Er füllt die Wasserbeutel und hängt sie an seinen Sattel. In den Satteltaschen ist Essen für unterwegs.

Vier Wochen dauert die Reise. Dann kommt der Knecht in das Land, in dem Abraham früher gewohnt hat. Bei einem Brunnen hält er an. Er läßt sein Kamel trinken, setzt sich hin und wartet. Er schaut sich um. Gott wird ihn doch nicht vergessen haben? Es ist überhaupt niemand da. „Gott meines Herren Abraham!" ruft der Knecht. „Ich stehe hier beim Brunnen. Laß doch ein Mädchen kommen für unseren Isaak. Und laß sie dann sagen: ‚Ich werde für dich etwas Wasser aus dem Brunnen hochholen. Und auch für dein Kamel.' Wenn sie genau das sagt, weiß ich, daß sie das Mädchen ist, das ich suche."
Der Knecht hat kaum zu Ende gesprochen, da kommt aus der Ferne jemand gelaufen. Es ist ein Mädchen. Sie hat langes schwarzes Haar. Hinter ihr her läuft eine Schafherde. „Ich bin Rebekka", sagt sie. „Ich werde etwas Wasser für dich aus dem Brunnen hochholen. Und für dein Kamel auch."
Da weiß der Knecht: Sie ist es! Er sagt: „Mädchen, gibt es bei dir zu Hause vielleicht einen Platz zum Schlafen für mich? Ich komme von weit her." „Wir haben genügend Plätze zum Schlafen!" antwortet Rebekka. „Meine Eltern haben gerne Besuch. Warte kurz hier, ich werde zu Hause nachfragen." Rebekka rennt nach Hause. „Vater, Vater", ruft sie. „Da ist ein alter Mann am Brunnen. Er sucht ein Bett für die Nacht."
Ihr Vater geht mit ihr zurück zum Brunnen. Er verbeugt sich vor dem alten Mann. „Komm' doch mit uns nach Hause. Es gibt Essen genug, und Platz zum Schlafen haben wir auch."

Genesis 24,1-58

An dem Abend sitzt der alte Knecht bei Rebekkas Familie am Tisch. „Wer schickt dich?" fragen Rebekkas Eltern neugierig. „Ich komme von Abraham. Mein Herr wohnt weit weg, im Gelobten Land. Aber früher hat er hier gewohnt."

„Abraham?" ruft Rebekkas Vater. „Aber Abraham ist unser Neffe! Na, so ein Zufall."

Dann erzählt der alte Knecht, warum er gekommen ist. „Ich bin auf der Suche nach einem Mädchen für Isaak. Und ich habe es gefunden. Ich wollte fragen, ob Rebekka die Frau von Isaak werden will."

„Natürlich will sie das!" ruft ihr Vater. „Meine Rebekka für Isaak, den Sohn meines Neffen Abraham. Schöner geht es nicht!"

„Willst du nicht wissen, was Rebekka davon hält?" fragt ihre Mutter.

„Natürlich, natürlich!" sagt ihr Vater. „Du hast recht. Rebekka, was hältst du davon?"

Alle schauen auf Rebekka. „Erzähl mal, wie sieht dieser Isaak denn aus?" fragt Rebekka. Der Knecht fängt an zu erzählen, wie Isaak ist. „Sein Haar ist so dicht wie ein Schafspelz. Seine Augen sind so braun wie Karamel. Von allen in unserem Land kann Isaak am schnellsten laufen. Wenn er von weitem gerannt kommt, ist er nicht mal außer Atem."

„Lacht er manchmal?" fragt Rebekka. „Lachen?" fragt der Knecht. „So wie Isaak lacht keiner. Wenn er lacht, dann klingt es so tief, daß du denkst, es donnert in den Bergen."

„Ich mache es", sagt Rebekka. „Ich gehe mit dir ins Gelobte Land. Dort werde ich Isaak heiraten."

Alle lachen. Und es wird auch ein bißchen geweint. Rebekka wird Isaak heiraten. An dem Abend gibt es bei Rebekka zu Hause ein großes Fest.

Genesis 24,59-67

Ich finde dich wunderbar

„Rebekka, Rebekka! Du hast doch nicht deinen Kamm vergessen?"
„Rebekka, sind alle Geschenke für Abraham und Isaak eingepackt?"
Rebekkas kleine Brüder und Schwestern laufen hin und her. Jeder ist dabei, Sachen einzupacken, die mit müssen ins Gelobte Land. Zehn Dienstmädchen begleiten Rebekka. Ihr Vater ist reich.
Alles ist eingepackt. Die Satteltaschen auf den Kamelen sind zugebunden.

Rebekka, die zehn Dienstmädchen und der alte Knecht klettern auf die Kamele. „Wirst du schreiben?" ruft Rebekkas Mutter. „Gib die Briefe nur dem Ölkaufmann aus der Stadt mit. Der reist oft ins Gelobte Land."
Sie nehmen Abschied voneinander. Es wird gewinkt und auch geweint. Dann gehen sie. Zwölf Kamele auf dem langen Weg ins Gelobte Land.

Zu Hause läuft Isaak nervös zwischen den Zelten hin und her. Manchmal klettert er den Berg hinauf. Von da oben kann man den ganzen Weg überblicken und sehen, ob Reisende kommen. Isaaks Augen suchen den alten Knecht. Und die Frau, die er mitbringen wird. Als er nichts sieht, geht er den Berg wieder hinunter. Zurück zu den Zelten, wo sein Vater ist.
„Du brauchst nicht dauernd nachzusehen", sagt Abraham. „Der Knecht bleibt sicher noch ein paar Wochen weg. Es ist eine lange Reise." Aber Isaak hört nur halb auf das, was sein Vater sagt. „Setz dich doch mal ruhig hin", seufzt Abraham. „Hier, trink was!" Er schenkt Tee für Isaak ein. „Warum bist du nur so unruhig?"
„Der alte Knecht versteht bestimmt nichts von Mädchen", schimpft Isaak.
Abraham klopft Isaak sanft auf die Schultern und sagt: „Du brauchst dir keine Sorgen zu machen. Alles wird gut."
Aber Isaak macht sich trotzdem Sorgen.
Wie wird das Mädchen sein? Womöglich findet er sie nicht nett. Oder sie sieht aus wie eine Vogelspinne... Oder ihre Stimme ist genauso schrill wie die der Hühnerverkäuferin in der Stadt... Er darf gar nicht daran denken.
Isaak klettert noch einmal den Berg hinauf. Oben auf dem Gipfel schaut er zum -zigsten Mal auf die Straße. Aus der Ferne sieht er eine Karawane näherkommen. Zwölf Kamele, zählt er. Und auf den Kamelen: er zählt... zwölf Menschen. Alles Frauen. Isaak erkennt es an ihren Kleidern. Vorne reitet ein Mädchen mit einem buntbedruckten Kleid. Aber daneben? Das ist keine Frau. Das ist ein alter Mann. Isaak kneift seine Augen etwas zusammen. So kann er besser sehen. Ist das der alte Knecht seines Vaters? Isaak rennt nach unten. Ja, er ist es!
Rebekka, die vorne reitet, sieht von weitem einen Jungen rennen. Sie läßt sich von ihrem Kamel gleiten und fragt den alten Knecht: „Wer ist der Junge, der da auf uns zu kommt?"
„Also, das ist Isaak", nickt der alte Knecht feierlich. Rebekka legt ihren Schal um. Sie geht Isaak entgegen. Ein Stückchen entfernt von dem alten Knecht bleiben sie stehen. Isaak hebt Rebekka hoch. „Ich finde dich wunderbar", sagt er.
Rebekka lacht. „Ich dich auch."
Hand in Hand gehen sie zum Zelt. Abraham sieht sie näherkommen. Er trinkt Tee bei seinem Nachbarn. „Da ist sie", lacht Abraham. „Da ist die Frau für Isaak. Nachbar, wenn du einverstanden bist, bleibe ich noch ein Weilchen bei dir. Denn die beiden wollen bestimmt zusammen sein."
Und so ist es auch. Denn küssen können Isaak und Rebekka sehr gut selbst. Dabei können sie Abraham nicht gebrauchen.

Genesis 24,59-67

Durch List und Tücke gesegnet

Erläuterung zu „Zwei Brüder, die immer streiten"

Isaak und Rebekka bekommen Zwillinge. Jakob ist der Jüngste. Esau ist der Älteste, der Stammhalter. Selbstverständlich wird der Segen vom Vater auf den ältesten Sohn übergehen, sollte man annehmen. Aber was man für selbstverständlich hält, geht bei Gott oft gerade ein wenig anders.

Nicht der Älteste, sondern der Jüngste ist der Sohn der Verheißung. Er soll gesegnet werden. Als der Vater, Isaak, dafür offensichtlich blind ist, greift Rebekka ein.

Mit List und Tücke und mit Hilfe seiner Mutter erreicht Jakob schließlich, daß er gesegnet wird. Er kann es offenbar nicht Gott überlassen. Jakob betrügt seinen alten Vater, tut so, als wäre er Esau und erhält so den Segen.

Es scheint fast, als heilige der Zweck hier die Mittel. Doch das ist nicht der Fall. Später zeigt sich, daß Jakob für das Unrecht, das er seinem Bruder Esau und seinem Vater Isaak angetan hat, einen Preis bezahlen muß. Denn versprochen ist versprochen, ... und Betrug ist Betrug. Das Volk Israel hat oft gegen die Edomiten gekämpft, dem Volk, dessen Stammvater Esau ist. Aber wer diese Geschichte hört, fühlt mit Esau. Sobald man mit jemandem mitfühlen kann, ist es unmöglich, den anderen nur als Feind zu sehen. Er ist ein Mensch wie du. So lernt das Volk Israel, das Denken in Feindbildern zu überwinden.

Es ist bemerkenswert, daß die Nachkömmlinge Jakobs diese nicht so schöne Geschichte von Generation zu Generation weitergeben. Er ist ihr Vorbild, nicht als Held, sondern als Mensch, der seinen Weg geht, mit Hinfallen und Aufstehen.

Genesis 25,19-28 und 27,1-46

Zwei Brüder, die immer streiten

Rebekka und Isaak bekommen ein Kind.
Im Bauch von Rebekka ist mächtig was los. Ihr Bauch sieht aus wie ein kleines Zelt, in dem wild gekämpft wird. „Was bedeutet dieses Stupsen und Schlagen in meinem Bauch?" fragt Rebekka Gott. „Zwei Kinder wohnen in deinem Bauch", antwortet Gott. „Das jüngere Kind wird über das ältere herrschen. Beide bekommen große Familien. Zwei Familien, die zu zwei Völkern werden."

Ein paar Wochen später werden zwei Jungen geboren.
Rebekka liebt Jakob am meisten, ihr jüngeres Kind. Esau, der ältere, ist der Liebling seines Vaters Isaak. Ein richtiger Wildfang ist er. Mit seinen dichten roten Haaren sieht er aus wie ein Fuchs.
Esau geht oft jagen. Er fängt Vögel und Kaninchen und manchmal ein Reh. „Geh mit jagen", sagt er zu Jakob. „Am zweiten Hügel wimmelt es von Hasen."
„Nein, nein", sagt Jakob dann. „Ich bleibe lieber zu Hause."
Jakob mag es gerne, in der Nähe seiner Mutter zu sein. Er hilft ihr beim Holzsuchen für den Brotofen. Oder er malt im Sand, während sie den Teig knetet.

Die Jungen werden zu Männern, und Isaak, ihr Vater, wird ein alter Mann. Er kann nicht mehr gut sehen. Eines Tages ruft Isaak seinen Sohn Esau zu sich.
„Ich weiß nicht, wie lange ich noch leben werde", sagt er. „Fange mir heute ein Kaninchen und brate es in der Pfanne. Wir werden es gemeinsam essen. Wenn wir fertig sind, werde ich dir meine Hände auflegen. Dann werde ich dir feierlich das Land versprechen. Und du weißt: Versprochen ist versprochen!"
Neben dem Zelt sitzt Rebekka. Sie hat gehört, was Isaak zu Esau gesagt hat. Esau das Land versprechen? Das darf nicht sein! Das Gelobte Land muß für Jakob sein. Rebekka rennt zu Jakob. „Dein Vater Isaak", keucht sie, „dein Vater wird Esau heute abend das Land versprechen. Mit Handschlag. Und du weißt: Versprochen ist versprochen."
„So ist es", sagt Jakob, „was er verspricht, das passiert. Dagegen kann man nichts machen."
„Da kann man wohl etwas machen", sagt Rebekka. „Hör zu!" Rebekka beginnt leise zu sprechen. „Ich bereite ein Kaninchen für deinen Vater zu. Du ziehst inzwischen die Kleider von Esau an. Wenn das Kaninchen fertig ist, gehst du zu deinem Vater und sagst, daß du Esau bist. Dein Vater ist fast blind. Er wird nicht sehen, daß du es bist und nicht Esau. Er wird dir das Land versprechen. Und dir seine Hand darauf geben. Und wem er es verspricht, der bekommt es."

41

Genesis 25,19-28 und 27,1-46

„Aber er wird es merken", sagt Jakob. „Esau hat Haare auf den Armen, und meine Arme sind glatt."

„Warte", sagt Rebekka. „Da hab' ich eine Idee." Kurze Zeit später kommt sie mit dem Fell eines jungen Ziegenbocks zurück. Mit einer dünnen Schnur bindet sie die Felle um Jakobs Arme und Hals. Rebekka drückt Jakob die Pfanne mit dem gebratenen Kaninchen in die Hand. „Schnell, geh jetzt", flüstert sie.

Jakob geht in das Zelt seines Vaters. Er wagt es kaum, sich zu bewegen. Solche Angst hat er, daß die Ziegenfelle nicht halten. „Hier bin ich, Vater", sagt Jakob. „Hier ist dein Sohn Esau. Zurück von der Jagd. Ich habe das Fleisch schon gebraten."

„Bist du jetzt schon zurück?" sagt sein Vater. „Das ist viel schneller als ich dachte. Komm, setz dich zu mir."

Jakob setzt sich an das Bett seines Vaters. Sein Vater nimmt seine Hand. „Seltsam!" sagt Isaak. „Du hast Jakobs Stimme. Aber deine Hände fühlen sich wie Esau an... Komm, gib mir einen Kuß."

Jakob beugt sich vor. Er küßt seinen Vater. „Jetzt bin ich mir sicher", lacht Isaak. „Du bist wirklich Esau. Du riechst nach trockenem Gras und den Kräutern auf dem Feld."

Isaak legt Jakob die Hände auf. Mit ernster Stimme beginnt er zu Jakob zu sprechen: „Du, mein Sohn", sagt er, „für dich wird das Gelobte Land sein. Und du wirst der erste eines großen Volkes werden. Das hat Gott versprochen. Zuerst Abraham. Und Abraham mir. Jetzt gebe ich dir das Versprechen."

Hinter dem Zelt lauscht Rebekka. Sie nickt zufrieden. Ihr Plan ist gelungen.

Als Esau vom Jagen zurückkommt, brät er sein Kaninchen. Er geht zum Zelt seines Vaters. „Vater, hier bin ich", sagt er, „Esau! Ich bin zurück von der Jagd. Wir können zusammen essen."

„Zusammen essen?" fragt Isaak. „Aber Junge, wir haben doch gerade gegessen."

„Das kann nicht sein..." stammelt Esau.

„Ich habe dir gerade das Land versprochen. Und dir meine Hand darauf gegeben", sagt Isaak.

„Nein", ruft Esau. „Das war nicht ich. Das muß...das muß Jakob gewesen sein." Esau heult vor Wut. „Was für eine Gemeinheit", ruft er. Esau rennt aus dem Zelt, auf der Suche nach Jakob. „Na warte", schreit er. „Wenn ich dich zu fassen kriege, dann bringe ich dich um."

Rebekka sieht, wie Esau wüst schimpfend bei den Zelten nach seinem Bruder sucht. Sie rennt zu Jakob, der sich versteckt hat. „Du mußt hier weg", zischt sie ihm zu. „Dein Bruder Esau ist so zornig, daß er dich vielleicht totschlägt." Jetzt heult Jakob auch. Während Rebekka den Esel sattelt, packt er schnell ein paar Sachen zusammen. „Geh jetzt", sagt Rebekka. Jakob küßt seine Mutter. Dann verschwindet er.

Genesis 25,19-28 und 27,1-46

43

Genesis 28,1-9; 29,1-30; 31,1-21 und 33,1-20

Der betrogene Betrüger

Erläuterung zu „Lauf, Junge, lauf" und „Jede Menge Geschenke"

Zwei Geschichten: Die Flucht Jakobs und seine Rückkehr in das Land, das ihm versprochen wurde. In den Jahren dazwischen hat er zwei Lektionen gelernt und zwei Frauen geheiratet, Lea und Rachel.

Böser Tat folgt böser Lohn. Jakob, der jüngste Sohn, will Rachel heiraten, die jüngste der zwei Töchter des Laban. Aber genau der Wechseltrick, den er seinem fast blinden Vater geliefert hat, wird jetzt gegen ihn verwendet. Damals gab er, der jüngere Bruder, sich als der ältere aus. Diesmal drängt sich die ältere Schwester vor die jüngere. Der Betrüger wird betrogen. Lea wird Jakobs erste Frau. Die Lektion lautet: Du kannst vor deinem Bruder fliehen, aber immer begegnest du dir selbst und dem Unrecht, das du begangen hast.

Jakob lernt auch, daß er nicht alleine dasteht, auch wenn er fliehen muß und weit weg ist von seiner Familie und seinem Land. Gott geht mit ihm und sorgt für ihn, wo er auch hingeht. Die Begegnung mit Rachel, der Frau seines Herzens, ist dafür ein Beispiel. Aber auch sein Glück, das Wachstum seiner Familie und seines Viehbestands, versteht Jakob als ein Zeichen von Gottes Fürsorge und Segen. Mit ihnen geht er zu Esau, als er zurückkehrt in das Gelobte Land. Mit einem unglaublich großen Geschenk, in der Gestalt seines Viehs, will er wiedergutmachen, was er falsch gemacht hat. Als ob er den Segen zurückgeben wollte.

Leben als Gesegneter ist etwas anderes als Leben im Wohlstand. Jakob muß noch erfahren, daß Leben mit Gott auch Ringen mit Gott heißen kann. Die Bibel erzählt davon, wie in der Nacht vor der Begegnung mit Esau ein Ringkampf stattfindet. Dies stellt sich als ein Kampf mit Gott heraus, in dem Jakob mit sich selbst konfrontiert wird und aus dem er gezeichnet hervorgeht. Er wird getroffen, buchstäblich und bildlich. Er wird auch gesegnet und erhält einen neuen Namen: Israel. Nach diesem gezeichneten und gesegneten Vorfahren sollen seine Nachkommen benannt werden. Jakob drückt es selbst so aus: „Ich habe Gott gesehen, von Angesicht zu Angesicht, und mein Leben ist gerettet."

Später an diesem Tag steht Jakob Auge in Auge mit seinem Bruder und erfährt erneut, daß sein Leben gerettet ist: Esau ist zur Versöhnung bereit. Die Brüder fallen sich weinend in die Arme. Wir sehen es vor uns, wie das Ende einer Fernsehsendung, in der verlorengegangene Familienmitglieder aufgespürt werden. Nach Jahren sehen die Zwillingsbrüder sich wieder. Kein Auge bleibt trocken, so rührend ist es. Sie sind so verschieden, und soviel ist passiert. Sie und ihre Nachkommen werden ihren eigenen Weg gehen. Aber dieser Moment ist unvergeßlich. Jakob und Esau werden wieder Brüder.

Genesis 28,1-9 und 29,1-30

Lauf, Junge, lauf

„Weiter, Lahm-Ohr, weiter!" Jakob schlägt den Esel mit einem Stock auf den Rücken. „Lauf, Junge, lauf. Sonst erwischt uns Esau." Jakob sieht über seine Schulter. Sieht er da in der Ferne jemanden, der ihn verfolgt? Nein, zum Glück nicht, es ist niemand zu sehen.

Lahm-Ohr, der Esel, versteht gar nichts mehr. Sonst spricht sein Herr immer freundlich mit ihm. Oder streichelt ihm über das Maul. Warum schreit und schlägt er jetzt? Lahm-Ohr trabt, als ob die Wölfe hinter ihm her wären. Ganze zehn Tage rennt er, mit seinem Herrn auf dem Rücken. Bis sie in dem Land zwischen den zwei Flüssen sind. Als Jakob einen Brunnen sieht, sagt er: „Stop, Lahm-Ohr! In dieser Gegend wohnt Onkel Laban. Hier werden wir bleiben."

Jakob und Lahm-Ohr schlafen beim Brunnen ein. Jakobs Kopf lehnt an Lahm-Ohrs weichem Bauch. Plötzlich wacht Jakob auf. Er fühlt, wie die Erde vom Rennen Hunderter Schafe erbebt. Er hört die Schafe schon von weitem meckern. Eine Stimme ruft: „He da, hierher!"

Jakob ist erstaunt. Es ist, als ob er seine Mutter Rebekka hört! Aber vor ihm steht ein Mädchen. Jakob reibt sich die Augen. „Wer bist du?" fragt er.

„Ich bin Rachel."

Jakob springt auf. „Laß mich dir helfen", sagt er. Er rollt den schweren Stein vom Brunnen. „Hier, trink erst mal was. Danach werde ich den Schafen Wasser geben." Jakob zieht den Eimer hoch. Zusammen trinken sie von dem Wasser. Jetzt will das Mädchen von ihm wissen, was er hier macht.

„Ich suche jemanden, der Laban heißt. Weißt du vielleicht..."

„Laban? So heißt mein Vater!" ruft Rachel. „Komm mit. Ich zeige dir den Weg." Lahm-Ohr und Jakob gehen mit Rachel nach Hause. „Bist du ein Sohn von Isaak?" ruft Laban. „Dann sind wir verwandt!" Laban ist froh, daß sein Neffe Jakob bleiben will. „Ich kann hier gut etwas Hilfe gebrauchen", sagt er.

Eines Abends sagt Laban: „Ich bin sehr froh, daß du so hart für mich arbeitest. Seit du die Herde versorgst, ist kein Schaf mehr verlorengegangen. Ich möchte gerne etwas für dich tun. Wie soll ich dich bezahlen für all die Arbeit, die du machst?"

Jakob schaut zu Rachel hinüber. Er braucht gar nicht darüber nachzudenken. Er will kein Geld. Er will nur Rachel. Er sagt: „Ich möchte gerne Rachel heiraten."

Laban sieht Rachel an. Rachel nickt. Sie ist einverstanden.

„Gut", sagt Laban. „Wenn du sieben Jahre für mich arbeitest, gebe ich dir meine Tochter Rachel zur Braut."

Jakob arbeitet sieben Jahre für Laban. Nach genau sieben Jahren sagt Laban: „Morgen ist die Hochzeit."

Jakob zieht seine besten Kleider an. Laban

Genesis 28,1-9 und 29,1-30

bringt seine Tochter zu Jakobs Zelt. Sie hat einen Schleier vor dem Gesicht. Jakob will Rachel noch zuzwinkern. Aber er kann ihre Augen nicht mal sehen, so dicht ist der Schleier.

„Versprichst du mir, daß du diese Tochter zur Frau nehmen wirst? Und versprichst du, daß du gut für sie sorgen wirst?" fragt Laban.

„Ich verspreche es", sagt Jakob. „Ich werde gut für sie sorgen." Dann hebt er den Schleier von ihrem Gesicht.

„Aber das ist gar nicht Rachel!" ruft er. Vor Jakob steht Rachels Schwester Lea.

„So eine Gemeinheit!" Die Tränen laufen über seine Wangen. Aber es ist nichts mehr zu machen. Versprochen ist versprochen.

„Was muß ich machen, um auch Rachel zu heiraten?" schluchzt Jakob.

„Wenn du nochmal sieben Jahre für mich arbeitest, darfst du Rachel morgen heiraten", sagt Laban.

Jakob senkt den Kopf. „Gut", sagt er. „Ich werde noch sieben Jahre für dich arbeiten." Am nächsten Tag heiratet Jakob noch einmal. Diesmal Rachel. Als er ihren Schleier hebt, küßt er sie. Er sagt: „Ich bin so froh, daß ich dich doch noch bekommen habe. Auch wenn ich noch sieben Jahre dafür arbeiten muß."

Genesis 28,1-9 und 29,1-30

Genesis 31,1-21 und 33,1-20

Jede Menge Geschenke

„Zweitausend, zweitausendeins, zweitausendzwei." Laban zeigt auf alle Schafe und Ziegen im Tal. „Zweitausenddrei, zweitausendvier Schafe und Ziegen habe ich gezählt." Laban sieht Jakob zufrieden an. „Vierzehn Jahre hast du für meine Herde gesorgt", sagt er. „Ich will dir eine Belohnung geben für die viele Arbeit. Was möchtest du von mir haben?"

Jakob schaut auf die Schafe und Ziegen unten im Tal. Eine große Herde ist es. Die meisten Schafe und Ziegen sind ganz weiß. Ein paar sind ganz schwarz. Und eine ganze Menge ist gescheckt.

Jakob sagt: „Ich hätte gerne die schwarzen Schafe und alle geschecken Ziegen. Das wird dann meine Herde."

So geschieht es. Alle weißen Schafe und einfarbigen Ziegen gehören jetzt Laban. Und alle schwarzen Schafe und geschecken Ziegen gehören Jakob.

Zwei Jahre gehen vorbei. Jakobs Herde ist größer und größer geworden. Wenn man vom Berg hinunter schaut, sieht man die Schafe und Ziegen Jakobs. Überall sieht man das gescheckte Muster. Es ist wie ein großer Teppich.

Die Hirten aus der Nachbarschaft sind neidisch. Sie hätten auch gerne, daß ihre Schafe und Ziegen soviele Junge bekommen. Sie sagen zueinander: „Das ist dieser Gott von Jakob. Der sorgt dafür, daß es seiner Herde so gut geht."

Eines Tages ist Jakob auf dem Feld. „Jakob", erklingt die Stimme Gottes, „es ist höchste Zeit, um ins Gelobte Land zurückzukehren."

Jakob nickt. Er rennt zu seinem Zelt. Sein Herz klopft laut. Nach Hause, denkt er, in mein richtiges Zuhause. Er läßt alle seine Schafe und Ziegen zusammentreiben. Alle Sachen werden eingepackt. Jakobs Frauen und seine Kinder klettern auf die Kamele. Sie reiten vorneweg. Dahinter gehen die Knechte mit den Schafen und Ziegen. „Zusammenbleiben, ihr!" rufen die Knechte den Tieren zu. Sie haben einen kleinen Stock in der Hand. Ab und zu geben sie den Ziegen und Schafen einen leichten Klaps. „Los, weiter."

Ganz vorne reitet Jakob. Aber er bleibt nicht lange an derselben Stelle. Er läßt sein Kamel die Reihe entlang hin und her traben. Er schreit die Knechte an. Er streitet mit seinen Frauen. Er schnauzt seine Kinder an.

„Vater ist aufgeregt", sagen die Kinder. „Er hat Angst, nach Hause zu gehen", sagen seine Frauen.

Sie haben recht. Jakob will gerne nach Hause. Aber er hat auch Angst. Er zittert, wenn er an seinen Bruder Esau denkt. Ob Esau noch böse ist, weil er ihm das Gelobte Land weggenommen hat? Je näher sie dem Ziel kommen, desto mehr Angst hat Jakob. Er ruft einen Knecht und befiehlt ihm: „Hier, nimm mein Kamel. Es ist das schnellste, das wir haben. Gehe voraus zu Esau und sage

Genesis 31,1-21 und 33,1-20

Genesis 31,1-21 und 33,1-20

ihm: „Dein Bruder Jakob kommt, mit seinen Frauen und Kindern und seiner ganzen Herde."

Der Knecht reitet los. Als er zurückkommt, ist er todmüde vom schnellen Traben. „Jakob", keucht er, „dein Bruder Esau kommt dir entgegen. Er hat sicher vierhundert Männer bei sich."

„Vierhundert Männer!" ruft Jakob. Er erschrickt. Er schlägt die Hände über dem Kopf zusammen. „Esau will mich bestimmt zusammenschlagen. Und mit vierhundert Männern auch noch!"

Seine Kinder und seine Frauen schickt er ans Ende der Karawane. Denn hinten ist es sicherer. Er ruft einen Knecht. „Hier, gehe voraus", sagt er. „Nimm zweihundert Ziegen mit. Wenn du Esau triffst, sage zu ihm: Hier, das ist für dich. Es ist ein Geschenk deines Bruders Jakob."

Als der Knecht schon eine Weile weg ist, ruft Jakob einen zweiten Knecht. „Geh du auch schon mal vor, meinem Bruder Esau entgegen. Hier sind dreißig Kamele mit ihren Jungen. Nimm sie mit und sage zu Esau: Hier, diese Kamele sind für dich. Es ist ein Geschenk deines Bruders Jakob."

Jakob reitet hin und her. Werden die Geschenke auch wirklich reichen, damit Esau sich wieder mit mir versöhnt? denkt er. Ich gebe ihm noch mehr Geschenke. Und wieder schickt er einen Knecht voraus. Diesmal mit vierzig Kühen und zehn Stieren. Jakob sagt: „Renne voraus zu meinem Bruder Esau. Sage ihm: Das ist alles für dich. Ein Geschenk deines Bruders Jakob."

Langsam reitet Jakob weiter. Ab und zu hält er die Hand über die Augen. Sieht er schon etwas? Dann sieht er von weitem eine große Menschenmenge. Sie kommt schnell auf ihn zu. Es sind Esau und seine Männer. Alle Geschenke kommen hinter ihnen her. Zweihundert Ziegen und dreißig Kamele, vierzig Kühe und zehn Ziegen. Jakob fängt an zu laufen. Zu Esau. Auch Esau beginnt zu laufen. „Bruder", ruft er, „Bruder!" Esau legt seine Arme um Jakob. „Ich bin so froh, daß du wieder da bist!"

„Also bist du nicht mehr böse?" fragt Jakob.

„Nein, ich bin nicht mehr böse", sagt Esau. „Auch ohne die Geschenke. Du bekommst sie alle von mir zurück."

„Nein, nein", sagt Jakob.

„Doch", sagt Esau. „Ich habe selbst genug Schafe. Auf meinem ganzen Land ist das Gemecker zu hören."

„Sie sind wirklich für dich. Geschenke kann man nicht mehr zurückgeben", sagt Jakob.

Esau geht nach hinten. Da sitzen die Kinder Jakobs auf ihrem Kamel. Sie schauen ihren Onkel an, den sie noch nie gesehen haben. „Ist das deine Familie?" fragt Esau. Jakob nickt. Esau lacht. Er hebt alle Kinder vom Kamel herunter. „Ihr seid so viele", sagt er. „Ich kann mir eure Namen bestimmt nicht alle merken. Aber ich bin euer Onkel Esau. Hauptsache, ihr vergeßt das nicht."

Genesis

Einleitung zu den Geschichten über Josef

Der dritte und letzte Teil des Bibelbuches Genesis enthält Geschichten über die zwölf Söhne Jakobs, insbesondere die Geschichte über Josef.

Brücke

In den Geschichten, die denjenigen über Josef vorangestellt sind, über die Stammväter und Stammütter, erfahren wir von den Anfängen des Volkes Israel inmitten anderer Völker, in dem Land, das Gott versprochen hat.
Nach Josef hören wir die Kerngeschichten des Volkes Israel, über den Auszug aus Ägypten, dem Land der Sklaverei, und den Einzug nach Kanaan, dem Gelobten Land.
Die Geschichte Josefs bildet dazwischen eine Brücke. Sie erzählt, wie die Nachkommen der Stammväter und Stammütter nach Ägypten gelangt sind.

Der Gesegnete

„Segen" ist ein wichtiges Thema in den Geschichten über Josef. Ebenso wie Abraham, Isaak und Jakob ist Josef der „Gesegnete". Gott ist mit ihm. Und so wie Josef ein Gesegneter ist inmitten seiner Brüder, so ist Israel das gesegnete Volk inmitten anderer Völker. Am Ende der Geschichte Josefs werden seine Brüder und mit ihnen ganz Ägypten gesegnet sein. Darum ging es schon bei Abraham, daß mit ihm alle Menschen gesegnet würden.

Lebensweisheit

Ein anderes Thema in den Geschichten über Josef hat mit der Lebensweise des Gesegneten zu tun, mit den Entscheidungen, die zwischen Recht und Unrecht getroffen werden. Josef wird dargestellt als jemand, der weise und gerecht ist. Er trifft die richtigen Entscheidungen.

Träume

In den Geschichten über Josef spielen Träume eine wichtige Rolle. Übrigens, in der Bibel kommen viele Träume vor, in allen Bedeutungen des Wortes. Gewöhnliche Träume, Zukunftsträume, Visionen, Alpträume. Kein Wunder, denn alle Menschen träumen. Träume können bedeutungsvoll und heilsam sein. Kinder träumen auch, und es ist sinnvoll, dem Aufmerksamkeit zu schenken. Vielleicht anläßlich der Träume in diesen Geschichten. Wenn Kinder böse Träume haben, kann es hilfreich sein, am Tag mit ihnen zu überlegen, wie es im Traum anders verlaufen könnte, so daß es ein gutes Ende gibt. Die Träume in diesen Bibelgeschichten dienen einem bestimmten Zweck. Sie haben etwas darüber zu sagen, was Gott in Josefs Erklärungen zu erkennen gibt.

Gott

In den Geschichten über Josef ist Gott weniger unmittelbar anwesend als in den Geschichten über die Stammväter und Stammütter. Dort spricht Gott direkt, kommt zu Besuch, sorgt für wundersame Begegnungen. Hier hören wir lediglich, daß Gott in allem bei Josef war. Lediglich? Es ist der rote Faden durch diese Geschichten. Gott ist dabei, in guten und in schlechten Zeiten.

Genesis 37,1-28

Das hast du wohl geträumt

Erläuterung zu „Ein Junge mit seltsamen Träumen"

In der Patsche zu sitzen, ist unangenehm. Das aber passiert Josef. Er wird in einen Brunnen geworfen und erniedrigt, noch dazu von seinen eigenen Brüdern. Während er doch geträumt hatte, daß sie sich ihm beugen würden. Die Illustration zur Geschichte zeigt, wie Josefs Traum wahr wird. Aber auf bittere Art und Weise. Seine Brüder beugen sich über den Rand des Brunnens.

Wer anders ist, bleibt außen vor, wird ausgestoßen. So kann Einigkeit in einer Gruppe entstehen. Die zwölf Söhne Jakobs sind von Natur aus uneinig, sie haben verschiedene Mütter. Josef ist der Sohn von Jakobs Lieblingsfrau, Rachel. Der Haß auf den Liebling ist das Band, das die Halbbrüder verbindet.

Zusätzlich erfahren wir in der Beschreibung Josefs als geliebten Sohn seines Vaters, wie das Volk Israel sich selbst sieht als Gottes auserwähltes Volk. Wie der gesegnete Josef ist auch Israel gesegnet. Und wie der wunderbare Mantel Josefs liegt der beschützende Arm Gottes um die Schultern seiner Menschen.

Das alles bedeutet nicht, daß sie keine Schwierigkeiten erfahren. Das zeigt sich in dieser Geschichte. Aber daß das Volk die schweren Zeiten überstehen wird, und wie gut es mit seiner Sonderstellung, als Gesegnete inmitten anderer Völker, umgehen kann, davon handeln die Geschichten von Josef.

Ein Junge mit seltsamen Träumen

Zwölf Söhne hat Jakob: Ruben, Simeon, Levi, Juda, Sebulon, Issachar, Dan, Gad, Asser, Naftali, Josef und Benjamin. Josef wurde geboren, als Jakob schon ein alter Mann war. Er ist Jakobs Liebling. Jedem, der es hören will, erzählt Jakob: „Der kleine Josef war ein Geschenk. In meinem Alter." Und dann bewundern die Menschen Jakob. Sie sagen: „Solche Geschenke bekommt fast niemand auf seine alten Tage. Du hast aber Glück!"

Als Josef siebzehn ist und seine Arme und Beine nicht mehr wachsen, kauft Jakob ihm einen neuen Mantel. Den schönsten und buntesten Mantel, den er finden kann. Die anderen Brüder sind böse. Sie haben nur alltägliche Hirtenkleidung. Kleidung in der Farbe der Schafe, Kleider, die jeder hat. „Josef wird bevorzugt", beschweren sich seine Brüder. „Seht euch nur diesen Mantel an."

Der Sommer ist fast vorbei. Auf dem Feld steht das Getreide schon kniehoch. Das bedeutet, daß es reif ist. „Ernten, Jungs!" ruft Jakob. „Das Getreide muß vom Feld." Alle Söhne Jakobs gehen an die Arbeit. Zuerst schneiden sie die langen Halme des Getreides über dem Boden ab. Dann sammeln sie das Getreide auf und binden es zu Garben zusammen. Die Garben stellen sie aufrecht hin. Vom Arbeiten unter der Sonne wird man müde. Als die Sonne am heißesten ist, ruhen sie sich aus. Sie liegen unter der Eiche und sehen auf die großen Blätter, die schon ein bißchen gelb werden. Josef sagt: „Ich habe ja so seltsam geträumt heute nacht." Die Brüder sehen Josef an. „Ich träumte, daß die Garbe, die ich gerade zusammengebunden hatte, sich aufrecht hinstellte. Und alle Garben, die ihr zusammengebunden hattet, kamen zu mir gekrochen. Sie verbeugten sich vor meiner Garbe." „Ha, ha", brüllen die Brüder vor Lachen. „Und sagten sie noch etwas, die Garben? Sagten sie vielleicht: Zu Diensten, Hoheit! Ha, ha..., was glaubst du wohl, wer du bist? Der König vielleicht?" Josef steht auf. „Kann ich denn was dafür?" sagt er. „Ich erzähle ja nur, was ich geträumt habe."

Es wird Herbst. Die Blätter fallen von den Bäumen. Das Gras ist braun. Bei den Zelten finden die Schafe kein Futter mehr. Jakob schickt seine Söhne fort, um woanders Gras zu suchen. Zwei Tage gehen die Brüder mit den Schafen zu einem Ort, wo es noch genügend Gras gibt. Nur Josef ist nicht mitgegangen. Der ist bei Jakob geblieben.
Nach ein paar Tagen sagt Jakob zu Josef: „Hier hast du Brot und einige Feigenkuchen. Bringe sie zu deinen Brüdern. Sie sind in der Gegend der Felder mit den vollen Brunnen." Josef packt das Essen ein, zieht seinen Mantel an und macht sich auf den Weg. Zwei Tage später kommt er an den Ort, wo die

Genesis 37,1-28

Brüder mit ihren Schafen sind. Die Brüder sehen Josef schon von weitem, denn niemand sonst hat so einen bunten Mantel. „Da ist unser angeberischer Bruder", sagen sie. „Dem werden wir eine Lektion erteilen!" Als er näher gekommen ist, packen sie ihn. Sie nehmen ihm den Mantel weg und werfen ihn in einen ausgetrockneten Brunnen.
„Was habe ich euch denn getan!" jammert Josef. „Laßt mich raus!" Aber die Brüder hören nicht auf sein Rufen. Es ist ihnen völlig egal.
„Was wollen wir mit ihm machen?" fragen sie einander.
Aus der Ferne nähern sich Menschen auf Kamelen. Es ist eine Karawane von Kaufleuten, die auf dem Weg in das Land Ägypten sind, um ihre Sachen zu verkaufen.
„Ich weiß was!" sagt einer der Brüder. „Wir verkaufen ihn an diese Kaufleute, als Sklaven. So ein hübscher junger Knecht bringt uns mindestens zwanzig Silbermünzen ein."
Die Brüder holen Josef aus dem Brunnen. Und sie gehen zu dem Kaufmann, der Sklaven bei sich hat. Junge Männer und Frauen, die er in Ägypten verkaufen wird.
„Fünfundzwanzig Silbermünzen will ich für diesen starken jungen Knecht", sagt einer der Brüder. Er sieht Josef herausfordernd an.
„Fünfzehn gebe ich dafür", sagt der Kaufmann. „Dreiundzwanzig", sagt der Bruder. Zwanzig Silbermünzen bekommen die Brüder für Josef. Da geht er nun. Er winkt nicht und sieht sich nicht um. Zwischen den anderen Sklaven trottet er. Seine Augen auf den Boden gerichtet. Die Tränen laufen ihm übers Gesicht.
„Hast du ihnen noch Geld geschuldet? Haben sie dich deshalb verkauft?" fragt der Junge, der neben ihm geht. Aber Josef schüttelt seinen Kopf.
„Hier, ein Stückchen Brot", sagt der Junge. „Wir haben noch einen langen Weg vor uns."
Drei Wochen lang geht Josef hinter den anderen Sklaven her. Bis er in das Land Ägypten kommt. In der Ferne liegt eine große Stadt. „Da ist es", sagt der Kaufmann. „Dort werde ich euch verkaufen."
Sie gehen in die Stadt. Eine große Karawane mit Kaufleuten, die auf Kamelen sitzen. Ganz hinten gehen die Sklaven. Sie kommen durch das große Tor. An beiden Seiten der Straße stehen Häuser. Hohe Häuser. Josef hat so etwas noch nie gesehen. Er schlägt die Hände vor das Gesicht. Solche Angst hat er, daß die Wahl auf ihn fällt. Der Sklave, der neben ihm geht, legt ihm seinen Arm um die Schultern. „Hab keine Angst", sagt er zu Josef.

54

Genesis 37,1-28

Erhöht – und tief gefallen

Erläuterung zu „Keine Lust zu küssen"

Im Leben Josefs gibt es „ups" und „downs". Jeder erlebt das, aber bei Josef ist es besonders ausgeprägt.

Als Sklave verkauft, ist Josef aus dem Brunnen, aus der Tiefe, aufgestiegen. Potifar, für den er arbeitet, hat gesehen, daß ein Segen auf Josef ruht. Gott ist mit Josef. Darum hat Potifar ihm die Sorge und das Verfügungsrecht über alles in seinem Haus anvertraut. Man könnte fast sagen, daß Josef der Herr im Haus ist. Fast, denn die Bibel sagt, daß es zwei Dinge gibt, um die Potifar sich selbst kümmert.
Er entscheidet selbst, was er ißt, und er allein tauscht mit seiner Frau Zärtlichkeiten aus. Vielleicht tut er letzteres nicht gut genug, denn Potifars Frau versucht, Josef zu verführen. Josef weigert sich. Er würde seine Befugnisse überschreiten, es wäre unrecht, erklärt er der Frau.

In der vorigen Geschichte wurde nicht ganz deutlich, wo Josef selbst stand. Litt er wirklich unter Größenwahn, wie seine Brüder aus seinen Träumen schlossen? Hier wird deutlich, daß wir es mit jemandem zu tun haben, der seine Verantwortung annimmt, der seine Grenzen kennt. So wird Josef ein Vorbild für die, die seine Geschichten hören.

Dennoch nimmt es einstweilen kein gutes Ende mit dem gerechten Josef. Seine Weigerung wird nicht akzeptiert: Potifars Frau vertauscht die Rollen und beschuldigt Josef der Vergewaltigung. Abrupt endet die aufsteigende Linie. Josef stürzt tief, diesmal wird er ins Gefängnis geworfen.

Keine Lust zu küssen

In der Stadt ist Markt. Es duftet nach frischen Kräutern und Melonen. Überall hört man Menschen schreien: „Hühner, küchenfertige Hühner!" Oder: „Nilbarsch, frischer Nilbarsch! Fünf Nilbarsche zum Preis von vier!" Jeder, der etwas kaufen will, weiß, daß man erst handeln muß. „Zwei Silbermünzen, sagst du! Geh fort! Gestern kosteten sie nur eine Silbermünze."
Heute ist besonders viel los auf dem Markt. Jeder will wissen, was die Händler der Karawane mitgebracht haben.
An der Ecke des Marktplatzes werden die Knechte und Dienstmädchen verkauft. Auch Josef steht dabei. „Was soll dieser Junge kosten?" fragt eine vornehme Dame. Frau Potifar zeigt auf Josef.
„Dreißig Silbermünzen", sagt der Händler. „Er ist noch jung."
„Zwanzig Silbermünzen", sagt Frau Potifar. Kurze Zeit später bezahlt sie fünfundzwanzig Silbermünzen für Josef.
Josef geht hinter Frau Potifar her. Durch die vollen Straßen, bis sie an ein großes Haus kommen. Dort wird er in ein Zimmer gebracht. Das Zimmer des Herrn Potifar. Herr Potifar sitzt hinter seinem Schreibtisch. Josef verbeugt sich.
„So, so", sagt Herr Potifar. „Du bist also unser neuer Knecht. Kannst du lesen?" Josef schüttelt den Kopf. Herr Potifar runzelt die Augenbrauen. „Du solltest sagen: Nein Herr, zu Diensten." Und Josef sagt: „Nein Herr, zu Diensten." „Kannst du rechnen?" Josef nickt. Wieder runzelt Herr Potifar die Augenbrauen. „Dann sage: Ja Herr, zu Diensten. Sprich immer höflich!" Josef verbeugt sich.
„In diesem Haus", erklärt Herr Potifar, „gibt es acht Knechte. Du bist der jüngste Knecht. Du wirst hier im Haus die Vorräte zählen. Das Mehl, den Wein, das Öl, die Feigen, über alles mußt du Buch führen. Wenn etwas weggenommen wird, machst du einen Strich weg. Wenn etwas dazu kommt, dann machst du einen Strich dazu. Außerdem darfst du dem Koch helfen." Herr Potifar nickt kurz. Das bedeutet, daß Josef gehen kann.
Josef lernt sehr schnell. Nie läßt er ein Omelett anbrennen oder einen Teller fallen. Nie fehlt auch nur ein Apfel im Vorrat. Herr Potifar ist zufrieden mit Josef. So einen guten Knecht hatte er noch nie. Eines Tages ruft er Josef zu sich und sagt: „Josef, ich bin sehr zufrieden mit dir. Ich mache dich zum Oberknecht meines Haushalts."

Josef gefällt es ganz gut im Hause Potifar. Er ist zwar Knecht, aber immerhin Oberknecht. Josef findet alle im Haus nett. Nur mit Frau Potifar kommt er nicht so gut aus. Er hat ein bißchen Angst vor ihr.
Frau Potifar sieht Josef gern. Sie findet Josef schön. So schön, daß sie in ihn verliebt ist. Sie kann nur noch an eines denken: Wie herrlich es wäre, ihn zu küssen. Aber Jo-

sef will gar nicht küssen. Nicht sie. Eher die Lida aus der Küche. Oder noch lieber Asenat, die Tochter des Priesters. Sie kann wunderschön Musik machen auf ihrer Harfe. Aber Frau Potifar will er wirklich nicht küssen.

Eines Tages, als Josef ein Glas Traubensaft zu Frau Potifar bringt, zieht sie ihn auf ihr Bett. Sie fängt an, ihn überall zu streicheln und zu küssen. Aber Josef will nicht. Er will weg. „Laß mich los, laß mich los!" ruft er. Frau Potifar hält ihn an seiner Jacke fest. Josef zieht und zerrt, bis er entkommt. Seine Jacke bleibt in den Händen von Frau Potifar zurück. Josef rennt nach draußen. Dort steht er in seinem Hemd und zittert. Die anderen Knechte und Dienstmädchen kommen angerannt. Sie erschrecken. „Josef", rufen sie, „was machst du draußen im Hemd?"

Jetzt kommt auch Frau Potifar herausgerannt. Sie weint, so wütend ist sie. Sie hält Josefs Jacke hoch. „Er hat mich an sich gezogen!" schluchzt sie.

Auch Herr Potifar geht auf den Lärm zu. Er sieht seine Frau schluchzen. „Was ist denn los, meine Liebe?" fragt er.

„Es ist dieser Josef", schreit sie, „er wollte mich anfassen. Er wollte mich küssen. Wenn du mir nicht glaubst: Sieh nur. Hier habe ich seine Jacke."

Herr Potifar wird sehr wütend. Er schreit Josef an: „Daß du, mein bester Knecht, es wagst, so etwas zu tun!" Zu den anderen Knechten sagt Herr Potifar: „Bringt ihn ins Gefängnis."

Josef fleht ihn an: „Ich habe es nicht getan, wirklich nicht." Aber Herr Potifar hört nicht auf Josef. Ihm werden die Hände auf den Rücken gebunden.

Zwei Knechte bringen ihn zum Gefängnis. Josef geht zwischen ihnen. Es ist voll auf der Straße. Alle Menschen sehen ihn an. Sie denken: Da ist schon wieder so ein Dieb.

Sie kommen zum Gefängnis. Die Tür geht auf und zu. Die beiden Knechte übergeben Josef dem Gefängniswärter. Er steckt Josef in eine Zelle.

Genesis 39,1-23

Genesis 41,1-45

Kopf hoch

Erläuterung zu „Der böse Traum des Pharao"

Sie ist als Ermutigung gedacht, die Geschichte über Josefs anhaltendes Pech. Sie wurde im Volk Israel erzählt, um in schweren Zeiten durchhalten zu können. Denk mal an Josef! Erst ganz unten und dann im Gefängnis, aber Gott blieb bei ihm, und schließlich wurde alles mehr als gut.

Der endgültige Umschwung zum Guten wird in dieser Geschichte noch etwas hinausgeschoben. Josef hatte seinen Mitgefangenen, den Mundschenk, der freigelassen wurde, so darum gebeten. „Denke mal an mich." Aber dieser Mann, der als Weinschenker beim Pharao dient, leidet unter Verdrängung. Ein bekanntes Phänomen. Menschen wollen schlechte Erfahrungen, bewußt oder unbewußt, am liebsten so schnell wie möglich vergessen.

Viele Bibelgeschichten zeigen genau das Gegenteil auf. Es ist wichtig, nicht zu vergessen, sich immer zu erinnern. Auch an die schlechten Erfahrungen. Warum? Aus drei Gründen. Den ersten haben wir schon gesehen: Erinnern, um den Mut nicht zu verlieren. Der zweite Grund: Erinnern, um klüger zu werden und Dinge in der Zukunft anders zu machen. Den dritten Grund hat der Mundschenk ignoriert: Erinnern, um anderen zu helfen. Wenn man sich daran erinnert, wie es einem selbst erging, dann ist man eher bereit, etwas für andere in vergleichbarer Situation zu tun.

Wachgerüttelt durch den Traum des Pharao erinnert sich der Mundschenk an seinen eigenen Traum und an den Mann, der ihm eine Bedeutung geben könnte. Oder besser gesagt: Weitergeben, denn Josef macht von Beginn an klar, daß Gott die Träume erklärt. Wiederum gibt er sich nicht größer als er ist, und gerade das macht ihn groß. Geradewegs aus dem Gefängnis wird er zur höchsten Position des Landes befördert, beinahe dem Pharao gleichgestellt.

Josef entwirft einen Plan, wodurch die Wirklichkeit anders verläuft, als der Pharao es geträumt hat. Mit diesem Plan wird er ein Segen für den Pharao und alle Ägypter sein. Es kommen sieben fette und sieben magere Jahre, daran ist nichts zu ändern. Die Frage lautet: Woran kann man etwas ändern? „Daran, wie wir mit dem Überfluß umgehen", sagt Josef. „Wenn wir uns jetzt ein bißchen zurückhalten und nicht alles aufbrauchen, dann wird später genug übrig sein. Dann muß trotz der Dürre niemand Hunger leiden." Ein perfekter Plan, der viele Leben retten wird. Auch hierin ist Josef ein Vorbild für den, der seine Geschichten hört.

Der böse Traum des Pharao

Josef liegt auf dem kahlen Boden des Gefängnisses. Er schläft. Neben ihm hört man das Schnarchen des anderen Gefangenen. Es ist der oberste Safteinschenker des Pharao, dem König von Ägypten. Genau wie Josef wurde er ins Gefängnis gesteckt für etwas, das er nicht getan hat.
Josef wacht erschrocken auf. Eine Fledermaus ist durch das kleine obere Fenster hereingeflogen. Auch der Safteinschenker schreckt hoch. „Es ist nur eine Fledermaus", beruhigt Josef ihn.
„Es war nicht die Fledermaus", sagt der Safteinschenker, „ich habe geträumt." Der Safteinschenker setzt sich auf. „Verstehst du was von Träumen?" fragt er Josef.
„Ich nicht", sagt Josef, „aber Gott. Erzähl mal, was du geträumt hast."
„Ich träumte, ich hätte drei Büschel Trauben", sagt der Safteinschenker. „Ich preßte sie aus in einen Becher. Den Becher gab ich dem Pharao. Er nahm den Becher in die Hand. Das war mein Traum."
„Die drei Büschel Trauben", erklärt Josef, „das sind drei Tage. Der Becher, den der Pharao annimmt, bedeutet, daß er dich wieder einstellt als Safteinschenker."
So passiert es. Nach drei Tagen wird der Safteinschenker freigelassen und bekommt seine Stelle als Obersafteinschenker des Pharao wieder. „Vergiß mich nicht!" ruft Josef ihm nach.
Aber der Safteinschenker vergißt Josef doch. Er denkt lieber nicht mehr an die Zeit, als er im Gefängnis war. Er preßt Säfte aus und schenkt sie dem Pharao ein. Jeden Tag aufs neue.
Eines Tages will der Pharao keinen Saft. Er will auch nicht essen. „Ich habe so schrecklich geträumt", ruft er. „Ich fühle mich ganz unwohl." Er ruft alle seine Traumdeuter zusammen. Sie stehen in einer Reihe an seinem Bett und verbeugen sich ehrfürchtig. „Ich habe so schrecklich geträumt", sagt der Pharao wieder. „Ich träumte, ich stand am Flusse Nil. Plötzlich kamen sieben dicke Kühe aus dem Fluß. Was für herrliche Kühe, dachte ich. Wieviel Milch und Fleisch die geben können. Danach kamen wieder Kühe aus dem Fluß. Aber diesmal waren es sieben magere Kühe. Wie Gerippe sahen sie aus. Zu mager, um davon Milch zu trinken. Zu dünn, um davon Fleisch zu essen. Auf einmal fingen die mageren Kühe an, die dicken Kühe aufzufressen!" Der Pharao seufzte tief. „Das habe ich geträumt."
Die Traumdeuter denken erst eine Weile nach. „Verstehst du das?" fragen sie einander. Sie schütteln den Kopf. Nein, sie verstehen es überhaupt nicht. „Wir können Ihren Traum nicht erklären, Majestät", sagen sie leise. Der Pharao ist unglücklich. Er zerrt an seiner Krone und ruft: „Gibt es denn niemanden in meinem Land, der meinen Traum erklären kann?"
Der Obersafteinschenker hört den Pharao verzweifelt rufen. Dann erinnert er sich an

das Gefängnis. Und an Josef, mit dem er zusammen in der Zelle saß. Der Safteinschenker geht zum Pharao. Er verbeugt sich und sagt: „Majestät, ich kenne einen Mann, der Träume erklären kann." Er erzählt dem Pharao alles über Josef. „Laß den Mann holen", befiehlt der Pharao.
Josef wird gewaschen, rasiert und ordentlich angezogen. Der Palastdiener bringt ihn zum Pharao. Zuerst verbeugt Josef sich tief. „Zu Diensten, großer König des mächtigen Ägyptenlandes", sagt er höflich.
„Ich hörte, daß du Träume erklären kannst", sagt der Pharao.
„Ich nicht", sagt Josef. „Aber Gott, der dir diese Träume schickt, erzählt es mir."
Josef erklärt dem Pharao: „Die sieben dicken Kühe in deinem Traum sind die sieben Jahre der großen Ernten. In den Jahren gibt es genug zu essen. Danach kommen die sieben mageren Kühe. Das sind die sieben Jahre, in denen die Ernten schlecht sind und jeder Hunger leiden wird."
Der Pharao guckt besorgt.
„Ich weiß, was du tun mußt", sagt Josef. „Jedes Jahr, in dem es mehr als genug zu essen gibt, mußt du etwas sparen. Das Getreide, das man spart, kommt in große Getreidespeicher. Die werden abgeschlossen, damit niemand davon essen kann. Wenn dann ein Jahr kommt, in dem die Ernte schlecht ist und es nirgendwo mehr Getreide zu kaufen gibt, dann öffnest du die Getreidespeicher. Dann kann jeder mit dem Getreide sein Brot backen, und es wird keinen Hunger geben."
Der Pharao nickt. „Das ist eine gute Idee", sagt er. „Das machen wir! Und du wirst mir dabei helfen. Niemand ist so weise und so klug wie du. Das kommt daher, daß Gott dir all diese Dinge erklärt. Ich mache dich zum Unterkönig meines Reiches!"
Der Pharao steigt von seinem Thron. Er zieht den Ring von seinem Finger und gibt ihn Josef. „Das bedeutet, daß du Unterkönig bist", sagt er.

So wird Josef Unterkönig des Landes Ägypten. Er macht genau das, was er dem Pharao geraten hat. Zuerst läßt er überall Getreidespeicher bauen. Dann läßt er sie ganz mit Getreide füllen. Als das alles fertig ist, heiratet er. Nämlich Asenat, die so schön auf der Harfe spielen kann. Sie ziehen in einen prächtigen Palast, mit vielen großen hellen Zimmern. Und mit einem Bett, das federt. Wenn sie darauf springen, kommen sie bis an die Decke!

Genesis 41,1-45

Die Familie zählt

*Erläuterung zu „Eine Verbeugung vor dem Unterkönig"
und „Das Fest der zwölf Brüder"*

Vergeben und vergessen klingt gut. Aber vergessen ist nicht im Sinne des Erfinders, und vergeben ist nicht so einfach. Es strömt noch eine ganze Menge Wasser den Nil hinauf, bis Josef mit seinen Brüdern versöhnt ist. Zuerst muß eine Rechnung beglichen werden.

Die Rollen sind vollständig vertauscht. Während es Josef gut geht, gerät seine Familie durch die Hungersnot immer mehr in Schwierigkeiten. Früher konnten die Brüder über Josefs Schicksal bestimmen, jetzt liegt ihr Leben in seiner Hand. Er kann sie büßen lassen für das, was sie ihm angetan haben. Aber er sinnt nicht auf Rache. Er wählt den Weg der Versöhnung. Das ist etwas anderes als einfach nur zu vergeben.

Was wie ein Machtspiel aussieht, erweist sich als wunderbarer Plan Josefs, um seinen Brüdern eine Chance zu geben. Eine Chance, um mit der Schuld, die sie ihm gegenüber haben, etwas anzufangen. Sie stehen bei ihm in der Kreide, für viel mehr als die finanzielle Schuld, die sie auf der Rückreise entdecken, und für die sie bei ihrem zweiten Besuch um Vergebung bitten.

Die Bibelgeschichte beschreibt den Weg der Versöhnung wesentlich ausführlicher als die Kindergeschichte. Die Brüder werden durch Josef zweimal in eine Situation gebracht, in der es darauf ankommt. Sie zeigen, daß sie sich verändert haben, daß sie jetzt ihre Verantwortung annehmen. Sie springen diesmal in die Bresche für einen Bruder, der in Gefahr ist.

Erst als Josef das merkt, kann er sagen, daß er ihr Bruder ist, und die Versöhnung wird möglich. Dann folgt die Familienzusammenführung, um alle Brüder und den Vater am Wohlstand und am Segen Josefs teilhaben zu lassen. So hat Jakob sich mit seinen Nachkommen in Ägypten wiedergefunden.

Genesis 42,1-38

Eine Verbeugung vor dem Unterkönig

Es ist schlechtes Wetter. Große Hagelkörner schlagen das Getreide auf die Erde. Jakob stellt sich mit seinem jüngsten Sohn, Benjamin, unter einen Baum. Jakob schüttelt traurig seinen Kopf. Die ganze Ernte wird vernichtet, und er kann nichts dagegen tun. Am nächsten Tag ruft er seine zehn ältesten Söhne zusammen. „Wir werden dieses Jahr nicht ernten können", sagt er. „Das Getreide ist verdorben. Wenn wir nichts tun, werden wir bald vor Hunger sterben. Hier", und Jakob zeigt einen Beutel mit Silbermünzen, „nimm alles Geld, das wir haben, und gehe nach Ägypten. Dort gibt es noch Getreide zu kaufen."

Die Brüder satteln die Esel und Kamele und machen sich auf den Weg. Alle Brüder, außer dem jüngsten: Benjamin. Er bleibt zu Hause.

Nach einer langen Reise kommen sie zum Palast von Josef, dem Unterkönig von Ägypten. Zuerst müssen sie zwei Tage warten. Dann sind sie an der Reihe, um vom Unterkönig empfangen zu werden. Sie gehen durch lange Gänge, bis sie in den Palastsaal kommen. Der Unterkönig sitzt auf seinem Thron. Die zehn Brüder verbeugen sich, bis ihre Stirn den Boden berührt. „Zu Diensten, Hoheit", sagen sie leise.

Josef sieht, daß zehn Männer vor seinem Thron knien. Er erschrickt. Das sind... das sind doch nicht etwa seine Brüder? Josef will sich nichts anmerken lassen. „Wer seid ihr?" fragt er. „Habt ihr noch einen Vater? Und wieviele Brüder seid ihr zu Hause?"

Die Brüder erzählen alles. „Wir sind zehn Brüder von einem Vater. Der jüngste, der Benjamin heißt, ist zu Hause. Und ein Bruder ist verschwunden."

„Was wollt ihr hier?" fragt Josef. „Oh, König", fleht der älteste Bruder, „in unserem Land herrscht Hunger. Nirgends gibt es mehr Getreide zu kaufen. Nur du hast volle Getreidespeicher. Darum wollen wir hier Getreide kaufen. Wir haben genug Geld."

Josef sagt: „Ich glaube nichts von dem, was ihr sagt. Zehn Brüder sagst du? Zehn Gauner, meinst du wohl!"

Josef läßt die zehn Brüder ins Gefängnis werfen. Die Brüder jammern und flehen. Aber Josef hört nicht zu. Die Brüder weinen. Sie sagen einander: „Das ist unsere Strafe für früher! Warum haben wir damals nicht auf das Jammern unseres Bruders Josef gehört und ihn aus seiner Not befreit?"

Nach drei Tagen denkt Josef: Jetzt ist es genug. Und er läßt die Brüder wieder frei. Er sagt: „Weil Gott es will, lasse ich euch frei. Aber ein Bruder bleibt hier in meinem Palast. Der darf erst wieder nach Hause, wenn ihr den jüngsten Bruder, Benjamin, hierher bringt."

Die Brüder nicken. Es bleibt ihnen nichts anderes übrig, als Simeon beim Unterkönig zurückzulassen.

„Ich werde euch Getreide mitgeben", sagt

65

Genesis 42,1-38

Josef, „soviel ihr haben wollt." Die Brüder laden Getreidesäcke auf. Sie bezahlen mit ihren Silbermünzen.

„In Ordnung", sagt der Oberzahlmeister. „Ihr könnt gehen."

Die Brüder reisen nach Hause, zurück zu ihrem Vater Jakob. Sie sind todtraurig. Sie denken: Jetzt haben wir wieder einen Bruder weniger als früher. Wir müssen zurück, um Simeon zu befreien.

Unterwegs macht einer der Brüder seine Satteltasche auf. „Das Geld!" ruft er. „Das ganze Geld, das wir dem Oberzahlmeister gegeben haben, ist in meiner Satteltasche!" Die Brüder sehen sich an. Sie verstehen gar nichts. Sie sind beunruhigt. Das hat etwas zu bedeuten...

Als sie nach Hause kommen, wartet Jakob schon ungeduldig auf sie. „Und?" fragt er, „ist alles gutgegangen?" Die Jungen senken den Kopf. „Wir haben das Getreide bei uns", sagen sie. „Aber Simeon nicht. Simeon mußten wir in Ägypten zurücklassen. Wir bekommen ihn erst wieder, wenn wir Benjamin dem Unterkönig zeigen."

Jakob greift sich an den Kopf. „Noch ein Kind weg!" ruft er. „Erst Josef, und jetzt Simeon." Jakob weint. „Ich kann doch nicht tun, was der Unterkönig sagt, und euch Benjamin mitgeben? Nachher bin ich ihn auch noch los." Jakob schüttelt heftig den Kopf. „Ich weigere mich", sagt er. „Wenn sie mir Benjamin wegnehmen, sterbe ich vor Kummer."

„Aber Vater...", sagen die Brüder. „Wie soll es dann mit Simeon weitergehen?"

„Kein ‚Aber Vater'. Es wird nicht geschehen. Schluß, aus!"

Das Fest der zwölf Brüder

Wieder strömt der Regen über die Felder. Der Wind rast durch das Getreide. Getreidehalme brechen entzwei. Und das gerade, bevor das Korn reif ist. Jakob und seine Familie stehen traurig zusammen. „Ich könnte heulen", sagt Jakob. „Das ist das zweite Mal, daß die ganze Ernte verlorengeht."

Jakob geht in sein Zelt. Er kommt heraus mit einem Beutel Geld. „Hier", sagt er. Er wirft den Beutel auf den Boden. „Geht nach Ägypten. Da gibt es noch Getreide genug."

„Aber Vater", sagt einer der Brüder, „es hat gar keinen Sinn, nach Ägypten zu gehen. Der Unterkönig hat uns deutlich gesagt: ‚Wenn ihr wiederkommt, müßt ihr euren jüngsten Bruder mitbringen.' Wenn wir ohne Benjamin kommen, wirft er uns bestimmt alle ins Gefängnis, und diesmal für immer. Wir müssen Benjamin also mitnehmen."

Jakob gibt nach. „Gut", sagt er, „nehmt Benjamin mit. Aber wehe, ihm passiert was..."

Beunruhigt verabschiedet Jakob sich von seinen Söhnen. Und die Brüder ziehen zum zweiten Mal in das Land Ägypten. Ohne Simeon, aber mit Benjamin.

Als sie zum Palast kommen, kommt der Oberzahlmeister des Unterkönigs schon heraus, um sie zu empfangen. „Vergib uns, vergib uns", flehen die Brüder. „Als wir letztes Mal schon fast zu Hause waren, fanden wir unser ganzes Geld wieder. Wir hatten es bestimmt nicht gestohlen. Wir haben jetzt doppelt soviel Geld bei uns. Einmal, um für das vorige Mal zu bezahlen, und einmal, um das neue Getreide zu bezahlen."

„Habt keine Angst", sagt der Oberzahlmeister. „Ich habe beim vorigen Mal alles erhalten. Es steht in den Büchern. Und wenn es in den Büchern steht, dann habe ich es erhalten. Seid doch froh. Ich glaube, daß euer Gott es euch geschenkt hat."

Die Brüder sehen sich an.

„Ach ja, bevor ich es vergesse", sagt der Oberzahlmeister, „der Unterkönig hat angefragt, ob ihr gleich mit ihm speisen wollt."

„Speisen?" fragen die Brüder.

„Ja, speisen", erklärt der Oberzahlmeister, „essen! Etwas Perlhuhn und ein Krokodilsüppchen vorweg. Kommt, ich werde euch gleich zum Badezimmer bringen. Dann könnt ihr euch ein bißchen frisch machen." Ohne etwas zu sagen, folgen die Brüder dem Oberzahlmeister zum Badezimmer. Sie waschen sich und werden anschließend zum Speisesaal des Unterkönigs gebracht. Der wartet schon in der Tür auf sie. Er lächelt freundlich. „Wie geht es eurem Vater?" fragt der Unterkönig. „Geht es ihm gut?"

Die Brüder antworten, daß alles gut ist. Dann gehen sie zu Tisch. Wieviel Essen es da gibt! Und wie gut es schmeckt! Von dem

Genesis 43,1 bis 45,28

Genesis 43,1 bis 45,28

vielen guten Wein fangen die Brüder an zu schwatzen. Über ihren Vater und darüber, wie besorgt er ist, daß Benjamin etwas passiert. Sie erzählen dem Unterkönig auch von dem anderen Bruder, Josef, der verschwunden ist. Und wieviel Kummer das dem Vater immer noch bereitet.
Plötzlich steht Josef auf. Er dreht sich um, mit dem Rücken zu den Brüdern. Er hat Tränen in den Augen. Dann geht er wieder zum Tisch zurück. „Ich bin euer Bruder!" ruft er aus. „Ich bin der Josef, über den ihr redet."
Einen Moment sind die Brüder totenstill. Dann erkennen sie ihn. Sie umarmen sich.

„Wie groß du geworden bist", sagt Josef zu Benjamin. „Du warst ganz klein, als ich noch zu Hause wohnte."
An diesem Abend wird im Palast ein großes Fest gefeiert.
Ein paar Tage später kehren alle Brüder nach Hause zurück, um den Vater zu holen. Jakob ist froh, als er all seine elf Söhne gesund und wohlbehalten wiedersieht. Aber er wird noch fröhlicher, als er hört, daß sein Liebling Josef lebt. Er kann es fast nicht glauben.
Nach einigen Wochen ziehen sie alle nach Ägypten. Jakob und seine ganze Familie. Zu Josef.

Exodus und Josua

**Geschichten über die Befreiung aus der Sklaverei
und den Einzug in das Gelobte Land**

Exodus 1,1 bis 2,10	**Ein Prinzenkind**	74
Exodus 2,23 bis 4,17	**Da ist Gott**	78
Exodus 4,18 bis 12,33	**Hilfe, da sitzt ein Frosch in meinem Bett**	82
Exodus 12,34-51	**Tschüs Haus, tschüs Land, tschüs König**	86
Exodus 19,1 bis 20,19	**Zehn Gebote**	89
Josua 3,1 bis 4,24	**Für Pharaonen streng verboten**	93

Exodus und Josua

Einleitung zu den Geschichten über die Befreiung aus der Sklaverei und den Einzug in das Gelobte Land

Die Bibelbücher Exodus und Josua erzählen Wesentliches über das Volk Israel, über den Auszug aus Ägypten, dem Land der Sklaverei, und den Einzug nach Kanaan, dem Gelobten Land.

Namen

Das Wort Exodus bedeutet „Auszug". Der Name dieses Bibelbuches gibt schon den wesentlichen Inhalt an. Der Auszug des Volkes Israel aus Ägypten ist darin das zentrale Thema.

In der jüdischen Tradition hat das Buch einen anderen Namen. Es wurde genannt nach dem ersten Wort, mit dem das Buch beginnt: „Namen".

In diesen Geschichten werden wichtige Namen erwähnt:
- Moses ist der Name des Mannes, der das Volk vor, während und nach dem Auszug führen wird.
- Gott gibt seinen Namen Moses und seinem Volk zu erkennen.
- Das wichtigste Fest der jüdischen Tradition hat hier seinen Ursprung und erhält seinen Namen: Passa (Ostern).
- Die Nachkommen Abrahams und Saras sind ein Volk geworden, das einen Namen bekommt: das Volk Israel.

Auffallend ist, daß der mächtigste Mann Ägyptens nicht beim Namen genannt wird. In den Geschichten, die dem Auszug vorausgehen, spielt er eine wichtige Rolle. Aber er ist ein ungerechter Unterdrücker. Darum darf der Pharao keinen Namen haben.

Ägypten

Der Name Ägypten hat in der Bibel keinen guten Klang, obwohl es immer wieder ein Zufluchtsort ist. Abraham floh zweimal nach Ägypten, um einer Hungersnot zu entkommen. Auch für Jakob und seine Söhne ist es ein Ort des Überlebens. Aber damit ist schon alles gesagt. Ägypten wird im Laufe der Zeit immer wieder ein Land des Todes und der Bedrohung. Ein Land, dem man entfliehen muß, um leben zu können, wie Gott es gewollt hat. Um nicht mißverstanden zu werden: Es geht hier um eine Bildersprache, die nicht mit dem heutigen Ägypten in Zusammenhang gebracht werden soll.

Schule

Der Weg des Volkes nach dem Auszug, die Reise durch die Wüste, ist eine gute Schule. Das Volk erhält Lebensregeln, die es braucht, um im Gelobten Land zusammenleben zu können.

Grenze

Die Grenze zum Gelobten Land wird im Buch Josua überschritten, von dem in dieser Kinderbibel nur der Anfang erzählt wird. Josua ist der Nachfolger von Moses. Er bringt das Volk in das Land der Verheißung.

Der Anfang der Befreiung

Erläuterung zu „Ein Prinzenkind"

Die Nachkommen Jakobs in Ägypten sind „Gastarbeiter", und von Integration kann keine Rede sein. Sie pflegen ihre eigenen Bräuche und ihre eigene Religion. Sie haben große Familien, und ihre Anzahl wächst ständig.

In den Augen des ägyptischen Pharao bilden sie eine Bedrohung. Die Furcht vor den Fremden beginnt die Ägypter zu beherrschen. Um die Israeliten klein zu kriegen, ergreift der Pharao die notwendigen Maßnahmen. Zwangsarbeiter macht er aus ihnen, Sklaven, die mit Gewalt unterdrückt werden. Immer weiter geht der Pharao, bis er die endgültige Lösung findet: Neugeborene Knaben müssen getötet werden. „Ägypten" und „Der Pharao" bedeuten ab hier: Elend und Finsternis, Sklaverei, Unrecht und Tod.

Das Elend wird größer, die Finsternis dunkler. Dann erklingt mitten im Tod eine Geschichte über das Leben. Verletzliches, gerade geborenes Leben, das dem drohenden Tod entrissen wird. Die Rettung Moses' ist der Beginn einer großen Rettung, der Befreiung der Israeliten aus der Sklaverei.

Drei Frauen spielen bei dieser Befreiung eine wichtige Rolle: Moses' Mutter, seine Schwester und die Tochter des Pharao. Alle drei tun etwas, das man nicht so ohne weiteres erwarten würde. Sie durchbrechen normale Verhaltensmuster, weichen ab vom Üblichen und retten damit ein Kind und ein Volk.

Die Mutter Moses' behält ihr Kind nicht bei sich, sondern leistet Verzicht. Seine Schwester hält sich nicht im Hintergrund, sondern springt für ihren Bruder in die Bresche und spricht eine ägyptische Prinzessin an. Die Tochter des Pharao gehorcht nicht dem Befehl des Vaters, sondern beschützt das Leben des todgeweihten kleinen Jungen.

So geschieht es, daß Moses mit „staatlicher Förderung" im Palast des Pharao erzogen wird. Das ist der Witz, der in dieser Geschichte enthalten ist. Zugleich ist es auch tragisch. Denn wo gehört Moses hin? An den ägyptischen Hof, wo er aufwächst? Oder in das Ghetto der israelitischen Sklaven, dem er entstammt?

Zwei Welten treffen sich in ihm. Sogar sein Name hat zwei Bedeutungen. Die ägyptische Bedeutung ist „Sohn des...", und es folgt dann meistens ein Göttername. In den nächsten Geschichten wird sich zeigen, von welchem Gott Moses ein Sohn ist. Die hebräische Bedeutung seines Namens ist: „Der aus dem Wasser zieht." So wie Moses selbst aus dem Wasser gezogen wurde und dem Tod entkam, so wird er die Israeliten vor dem Tod bewahren.

Ein Prinzenkind

Josef und seine Brüder blieben im Land Ägypten. Es ging ihnen gut. Auch ihre Kinder blieben in Ägypten, denn auch ihnen ging es gut.

Aber den Kindern der Kinder von Josef und seinen Brüdern, die jetzt in dem Land wohnen, geht es nicht gut. Der Pharao, der jetzt regiert, mag die Urenkel Josefs nicht. Zu dem Aufseher mit der Peitsche hat er gesagt: „Laß sie nur arbeiten, diese Leute von Josef. Wir brauchen sie wirklich nicht dafür zu bezahlen. Sie sind hier nur zu Gast!"

Jetzt arbeitet das Volk jeden Tag für den Pharao. Am Fluß bauen sie neue Paläste. Sie schleppen die Baumstämme und backen Steine aus Lehm.

Ein Stück weiter stehen die Aufseher. Sie gucken den ganzen Tag, ob die Arbeit auch gut gemacht wird. In der Hand haben sie eine Peitsche. „He, du da, steh' nicht so faul 'rum!" brüllt einer. Und patsch, läßt er seine Peitsche knallen.

Jochebed steht am Ufer des Flusses. Sie füllt große steinerne Kübel mit nassem Lehm. Sie ist ungeduldig. Warum schlägt der Aufseher nicht die Trommel? Zu Hause liegt ihr kleiner Moses in seiner Wiege. Der hat Hunger. „Bom...bom...bom..." Das ist die Trommel! Was für ein Glück, sie kann aufhören zu arbeiten. Jochebed räumt schnell ihre Sachen weg. Jetzt rasch nach Hause. Sie rennt über den Weg, der am Fluß entlang führt. „Mami, Mama!" hört sie rufen. Es ist Miriam, ihre Tochter. Sie wartet schon auf dem Weg zum Haus. „Mami", ruft Miriam, „du mußt gleich mitkommen. Die Männer des Pharao holen alle kleinen Jungs weg. Schnell! Sonst nehmen sie unseren kleinen Moses auch noch mit!"

Jochebed und Miriam rennen den Weg nach Hause. So ein Glück! Moses liegt noch in seiner Wiege. Jochebed nimmt den Korb, der sonst für das Gemüse da ist. Aus einem Topf nimmt sie etwas Harz. Das schmiert sie in die Ritzen des Korbs. „So, jetzt kann der Korb treiben", sagt sie zufrieden. Sie legt das schlafende Baby hinein. „Komm, wir gehen." Miriam folgt ihrer Mutter, die den kleinen Bruder trägt, bis zum Fluß Nil. Jochebed läßt das Körbchen ins Wasser gleiten. Der kleine Moses bekommt noch einen letzten Kuß auf die kleinen Fäuste. „Gott sei mit dir", sagt seine Mutter. „Und du", sagt Jochebed zu Miriam, „du gehst am Wasser entlang und siehst zu, was passiert."

Miriam schaut auf das Körbchen, das auf dem Wasser treibt. „Lieber Gott", flüstert sie, „bitte heute keine Windböen. Und auch keine kleinen Brisen. Keine planschenden Wasservögel. Und auch keine gähnenden Nilpferde."

So geschieht es. Das Schiffchen mit dem kleinen Moses fährt sicher über den Nil. Bis zum Schwimmplatz der Prinzessin, einer der Töchter des Pharao.

Die Prinzessin springt gerade mit einem lauten Plumps ins Wasser, als das Körbchen vorbeischwimmt.

Exodus 1,1 bis 2,10

Moses' Schwester, die sich im Schilf versteckt hält, will schon aufspringen. Das geht schief, denkt sie. Aber zum Glück schwimmt die Prinzessin jetzt ganz ruhig ihre Runde. Plötzlich sieht sie das Körbchen. Sie schwimmt herüber. Vorsichtig späht die Prinzessin über den Rand. „Es ist ein kleines Kind", ruft sie. Sie schiebt das Körbchen ans Ufer. Da steht Miriam schon bereit, es ihr wieder abzunehmen.

Die Prinzessin kommt aus dem Wasser und hebt Moses hoch. „Ich sehe es schon", sagt sie, „es ist ein Kind aus Josefs Volk."

Moses lacht und kräht. Er packt ihre Ohrringe.

„Ich würde ihn schon gerne behalten", sagt die Prinzessin. „Aber ich habe keine Muttermilch für ihn."

„Ich weiß jemanden, der Muttermilch hat", sagt Miriam. „Meine Mutter!"

„Wirklich wahr?" fragt die Prinzessin erleichtert. „Laß deine Mutter dem Kind also Milch geben. Ich werde sie dafür bezahlen. Wenn er etwas größer ist, hole ich ihn ab. Dann kann er bei mir wohnen."

Die Prinzessin gibt Moses Miriam mit. Und so kommt Miriam, mit Moses in ihren Armen, wieder nach Hause zur Mutter.

Jochebed gibt Moses jeden Tag Milch. Bis er so groß ist, daß er mit einem Löffel essen kann. Eines Tages kommt die Prinzessin, um Moses in den Palast zu holen. Denn das haben sie abgemacht.

Jeden Tag erlaubt die Prinzessin Moses, im Palastgarten zu spielen. Und jeden Tag rennt er durch ein Loch in der Hecke auf dem Weg am Fluß zum kleinen Häuschen seiner Mutter. Dort wartet Jochebed schon auf ihn. „So, Prinzenkind", ruft sie und schnuppert an ihm. „Du riechst wie das Rosenparfüm der Prinzessin." Aber sie küßt ihn trotzdem. Denn er bleibt doch ihr Kind.

Ich bin mit dir

Erläuterung zu „Da ist Gott"

Die Vorschriften, die der Pharao den Israeliten macht, werden immer unmenschlicher. Alle sind sich einig, daß es so nicht länger weitergehen kann, es muß etwas geschehen. Aber als die Frage nach der Führerschaft gestellt wird, danach, wer die Aktion leiten soll, wird es still. Jeder hat einen guten Grund, sich nicht zur Verfügung zu stellen.

Moses hat fünf Gründe, sich zu weigern, als Gott ihn ruft, um das Volk Israel aus der Sklaverei zu befreien. Seine Einwände zeigen deutlich, daß die Befreiung Israels nicht der Initiative eines Menschen zu verdanken ist. Es ist Gott selbst, der sein Volk aus Ägypten führt. Aber Moses ist trotzdem unverzichtbar. Gott eilt zur Hilfe durch die Ohren, Augen, den Mund und die Hände von Menschen. So ist er.

Wer ist Gott? Wie ist sein Name? Moses stellt diese Fragen und erhält eine besondere Antwort. „Ich bin mit dir." Das ist der Name, mit dem Gott sich selbst bezeichnet. Wir kennen nur die vier Konsonanten darin. Im Hebräischen, der Sprache des Alten Testamentes, sind das die Buchstaben: JHWH. Der Name ist unaussprechlich. In der jüdischen Tradition werden die vier Buchstaben beschrieben als der Ewige, der Herr, oder der Name. Gottes Name ist ein Versprechen, ein Programm: „Ich bin mit dir." Wie er dabeisein wird, wird Moses noch erfahren.

Der brennende Dornbusch, der vom Feuer nicht verzehrt wird, ist eine wundersame Erscheinung. Feuer ist in der Bibel häufig ein Zeichen von Gottes Anwesenheit. Der Dornbusch ist ein oft vorkommender Strauch in dem wüstenartigen Bergland. Mit seinen harten Dornen wird er als Symbol für die Leiden des Volkes Israel angesehen. Das Feuer im Dornbusch bedeutet, daß Gott sein Volk nicht allein läßt. So wie der Strauch trotz des Feuers nicht verbrennt, so wird Israel trotz der Unterdrückung nicht untergehen.

Da ist Gott

Moses ist groß geworden. Er wohnt nicht mehr bei der Prinzessin im Palast. Er wohnt jetzt im Gebirge. Zusammen mit seinen Schafen. Weit weg vom grausamen Pharao. Aber auch weit weg von seiner Mutter Jochebed und seinen Brüdern und Schwestern.

Jeden Tag geht Moses mit seiner Schafherde durch das Gebirge. Auf der Suche nach Gras. Moses geht voran, die Schafe hinter ihm her. Schwarze Schafe und weiße Schafe. Und viele Lämmchen. Die Schafe gehen ganz friedlich. Die Lämmchen nicht. Die springen kreuz und quer hinter ihrer Mutter her. Unterwegs fressen sie von dem Gras und den Sträuchern.

Sie gehen zum Fluß. Hinter dem großen Dornbusch sieht man das Wasser schon glänzen. Moses dreht sich um. Sind alle Schafe noch da? Ist das gescheckte da? Und das wollige, das nur ein Auge hat? Und Halbohr? Wo ist Halbohr? Das ist ein richtiger Wegläufer. Moses späht in die Ferne. Siehst du wohl! Ganz vorne beim Felsvorsprung ist Halbohr. Sicher hat er weiches Gras gefunden. Moses ruft ganz laut: „Uh..hu!" Halbohr kommt angerannt. Sie wissen sehr gut was „Uh -hu" bedeutet: „Kommt her!" Und Halbohr springt auf seinen dünnen Beinchen seinem Hirten entgegen.

Als Moses zum Fluß kommt, kniet er sich ans Ufer. Er trinkt Wasser aus den Händen. Die Schafe kommen gerannt, um ihre heißen Mäuler in den Fluß zu stecken.

Moses setzt sich auf einen Stein. Er hört das Schlürfen der trinkenden Schafe. Er schaut sich um. Es ist hier schön und ruhig. Moses versucht, nicht an seine Brüder und Schwestern in Ägypten zu denken. Aber immer, wenn er nicht an sie denken will, denkt er erst recht an sie. Wenn er seine Augen zumacht, sieht er, wie sie schleppen. Große schwere Steine. Schnell macht Moses die Augen wieder auf. Fast sah er auch die Aufseher mit der Peitsche. Die will er aber nicht sehen.

Moses steht auf. Mal sehen, ob die Schafe keinen Blödsinn machen. Manchmal geht eines zu weit ins Wasser. „He, was ist das? Ist das Rauch? Bei dem Dornbusch?" Moses geht hin. Der Dornbusch, an dem er gerade vorbeigegangen ist, steht in Flammen. Das Feuer spielt mit den Blättern. Aber die Blätter verbrennen nicht. Das ist komisch. Dann hört er eine Stimme aus dem Strauch: „Moses, Moses!" „Hier bin ich", antwortet Moses.

„Ich bin der Gott Abrahams, Isaaks und Jakobs", sagt die Stimme. „Meinem Volk, das im Land Ägypten wohnt, geht es gar nicht gut. Sie werden geschlagen, und sie haben Hunger. Ich will, daß sie dort weggehen. Weg von diesem Pharao. Und du, Moses, du mußt ihnen helfen. Sie müssen weglaufen. Und du wirst vorneweg laufen. Genau wie jetzt bei den Schafen. Wenn sie sich unterwegs verlaufen, mußt du sie suchen. Und

Exodus 2,23 bis 4,17

wenn sie keine Lust mehr haben, weiterzugehen, dann mußt du mit ihnen reden. Denn so jemanden brauchen sie, wenn sie unterwegs sind. Und ich, ich bin mit dir."
Moses hat Gott zugehört.
Ich soll vorgehen? denkt er. Er schüttelt den Kopf und sagt: „Ich will wirklich nicht. Ehrlich, Gott, das ist nichts für mich. Ich rede nicht gerne. Und wenn ich rede, hören die Leute mir nie zu. Warum fragst du nicht den Töpfer, der neben meiner Mutter Jochebed wohnt? Auf ihn hören die Leute immer. Oder den Jäger. Das ist ein großer Mann. Wenn er aufrecht steht, reicht er bis zum untersten Zweig der Eiche. Er hat vor nichts Angst. Nicht mal vor Löwen. Ich schon. Ich bin nur ein kleiner Mann, ein Hirte, der nah ans Feuer kriecht, wenn es dunkel wird."

„Du brauchst keine Angst zu haben", sagt Gott, „denn ich werde dabei sein. Ich werde die Stimme sein, die durch deinen Mund spricht. Ich werde die Hand sein, die den Weg weist."

Da sagt Moses nicht mehr nein. Er verkauft seine Schafe und kehrt in das Land Ägypten zurück.

Eine Tracht Prügel

Erläuterung zu „Hilfe, da sitzt ein Frosch in meinem Bett"

Billige Arbeitskräfte sind der Motor der Volkswirtschaft. Das Volk Israel ziehen lassen? Der Pharao wäre ja verrückt. Er hat dafür keinen einzigen Grund. Man läßt doch seine beste Milchkuh nicht entwischen?

Mit Gerechtigkeit hat der Pharao nichts zu schaffen. Er kommt nicht auf die Idee, daß es ungerecht ist, ein Volk zur Zwangsarbeit zu verpflichten und es leiden zu lassen. Den Gott Israels, der sich für das Recht einsetzt, kennt er nicht. Aber er wird ihn kennenlernen, und wie!

Moses, der Gott wohl zu kennen glaubt, versteht überhaupt nichts mehr. Mit seinem Besuch beim Pharao ist er keinen Schritt weitergekommen. Das Volk geht sogar zehn Schritte zurück, die Daumenschrauben werden angezogen, der Arbeitsdruck erhöht. Mit Freund und Feind hat Moses es sich verdorben. In einem Moment tiefer Enttäuschung und Einsamkeit ruft er zu Gott. Warum geschieht das?
Solche Momente gehören dazu, sie spielen eine Rolle in der biblischen Geschichte, sie werden nicht unter den Teppich gekehrt. Der Auszug ist nicht eine einzige große Erfolgsstory. Befreiung geht einher mit Schmerz und Mühe. Moses' Klage wird von Gott mit einem neuen Auftrag beantwortet: „Halte durch, Moses, ich bin bei dir. Die Befreiung beginnt."

Die Befreiung beginnt mit zehn Katastrophen, besser bekannt als zehn Plagen, oder auch: zehn Schläge. Ägypten bekommt eine Tracht Prügel. Muß Gott denn so unbarmherzig losschlagen gegen die Ägypter? Ja, sagt die Bibelgeschichte, denn das Böse muß seinen verdienten Lohn bekommen. Dem Unrecht muß ein Ende gemacht werden. Es ist ein Kampf auf Leben und Tod, es ist ein Götterkampf: der Gott Israels gegen die Götter Ägyptens.

Die Mächte, die das Leben in Ägypten im Griff haben, werden entlarvt. Gerade die Dinge, die als Götter verehrt werden, stellen plötzlich eine Bedrohung dar. Das Wasser des Nils, der Lebensader Ägyptens, wird zu Blut, zu einer stinkenden Brühe. Die Göttin mit dem Kopf eines Frosches wird zur Plage anstelle eines Segens für die Menschen. Die Fruchtbarkeit des Landes wird zerstört. Das wirtschaftliche System, dem alles und jeder geopfert wurde, geht ein.

In der jüdischen Tradition werden die Plagen vor allem als Zeichen von Wundern gesehen. Zeichen vom Gott Israels an Freund und Feind. Gott gibt ihnen die Gelegenheit, ihn kennenzulernen. Am Ende dieser Geschichte erkennt der Pharao, daß Gott der Herr ist über Himmel und Erde und daß Gott gerecht ist. Der Pharao erkennt seine Schuld. Er bittet die Israeliten, das Land zu verlassen. Der Auszug beginnt.

Exodus 4,18 bis 12,33

Hilfe, da sitzt ein Frosch in meinem Bett

Moses steht vor dem Palast des Pharao. In seinen besten Kleidern. Sein Gesicht glänzt, seine Schuhe glänzen, und auch sein Haar glänzt.

Moses hat Angst. Soll ich hineingehen? denkt er. Oder vielleicht doch lieber wieder nach Hause? Moses schaut hinauf. Wie groß hier alles ist. Er hört Trommeln schlagen. Die Palastwachen marschieren hin und her. Sie stampfen mit den Füßen. Bam..., bam..., bam..., im Takt der Trommel. „Ich hab keine Angst", sagt Moses im selben Takt. „Ich hab keine Angst." Er geht die Treppe hoch, bis zum Eingang des Palastes.

„Ich möchte zum Pharao", sagt er zum Palastdiener. „Ich habe eine Nachricht vom Gott meines Volkes."

„Nachricht von Gott", schreibt der Diener auf seinen Zettel. Er dreht sich um und geht in den Palast hinein.

Moses wartet. Er wartet und wartet. Bis seine Beine ganz steif sind. Ich habe keine Angst, denkt Moses wieder.

Als Moses den ganzen Tag gewartet hat, kommt der Palastdiener, um ihn zu holen. „Folge mir nur", sagt er.

Durch drei große Säle läuft Moses. Dann kommt er zum Saal des Pharao. Von seinem hohen Thron schaut der Pharao auf Moses herab. Moses verbeugt sich. Und er verbeugt sich noch einmal. „Oh große Durchlaucht und Majestät", sagt er, „der Gott meines Volkes schickt mich. Er fragt, ob sein Volk, das jeden Tag an den großen Bauwerken arbeitet, zurückgehen darf. Zurück in das Land, in dem es früher wohnte."

„Der Gott des Volkes bei den Bauwerken?" prustet der Pharao, „den kenne ich überhaupt nicht. Du glaubst doch nicht, daß ich auf einen Gott höre, den ich überhaupt nicht kenne."

„Aber Pharao", sagt Moses, „wenn du ihm nicht zuhörst, wird er vielleicht böse."

„Ha, ha!" brüllt der Pharao vor Lachen, „das ist ja noch schöner! Sage nur euren Gott, daß ich hier der Boss bin. Und jetzt verschwinde. Mach, daß du wegkommst! Komme nie wieder mit solchen Ausreden an. Ihr seid einfach zu faul zum Arbeiten."

Als Moses weg ist, ruft der Pharao alle Aufseher seiner großen Bauwerke zusammen. „Das Volk, das für uns arbeitet, ist faul", sagt er. „Stinkfaul. Und frech außerdem. Ab heute schlagt ihr sie doppelt so viel und doppelt so fest."

Am nächsten Tag schlagen die Aufseher noch fester und noch öfter. Das Volk jammert und weint. Sie schreien Moses an: „Da hast du uns was eingebrockt! Wirklich vielen Dank auch!"

Moses versteht gar nichts mehr. Er fragt Gott: „Warum passiert das?"

Gott antwortet: „Warte nur, ich werde euch zeigen, was ich mit diesem Pharao machen werde." Als der Pharao am nächsten Tag im Fluß schwimmen gehen will, ist das Wasser ganz rot. Und stinken tut es! „Was ist denn

Exodus 4,18 bis 12,33

Exodus 4,18 bis 12,33

nur los?" ruft der Pharao. „Was habe ich falsch gemacht, daß so etwas Schlimmes passiert?"

Am nächsten Tag geht Moses wieder zum Pharao. Er verbeugt sich und fleht: „Laß mein Volk doch gehen!"

„Kommt nicht in Frage!" brüllt der Pharao. „Raus aus meinem Palast, sage ich dir."

Gott ist so böse über die Antwort des Pharao, daß er Tausende von Fröschen in das Land Ägypten schickt. Frösche in den Häusern, Frösche in den Brotschachteln der Aufseher. Überall hört man Menschen schreien: „Hilfe, da sitzt ein Frosch in meiner Hose." Oder: „Hilfe, da sitzt ein Frosch in meinem Ärmel." Als der Pharao abends seinen Schrank aufmacht, springen ihm Frösche ins Gesicht. Als er danach ins Bett geht, springen sechs Frösche unter der Bettdecke hervor. Und als er wieder aus dem Bett steigt, hüpfen zwei grüne Springer aus seinen Pantoffeln. Der Pharao jammert: „Hilf mir, oh hilf mir doch! Warum passieren so schreckliche Dinge in meinem Land?"

Wieder geht Moses zum Pharao und fleht ihn an: „Laß mein Volk doch gehen."

„Weg mit dir", ruft der Pharao. Und er läßt Moses aus dem Palast hinauswerfen. Dann schickt Gott eine neue Plage: Mücken. Große Schwärme von Mücken, die nachts um die Köpfe des Pharao und seiner Aufseher summen. Sie machen fast kein Auge mehr zu. Und morgens kein Auge mehr auf: So geschwollen sind ihre Augen von den Mückenstichen.

Es kommen noch viel mehr Plagen. Jeder in Ägypten weiß jetzt, daß der Pharao Streit mit Gott hat. Aber der Pharao gibt nicht nach. Bis die Plagen nicht mehr aufhören. Als der Pharao zehn Plagen gezählt hat, beugt er sein Haupt. Er weint.

Zum zehnten Mal kommt Moses zum Thron des Pharao. Er sagt: „Laß mein Volk doch gehen!"

Diesmal wirft der Pharao ihn nicht hinaus. Er fleht Moses an: „Laß deinen Gott aufhören. Bitte. Geh weg! Ich werde dein Volk gehen lassen."

Exodus 12,34-51

Ein Abend, den man nie vergißt

Erläuterung zu „Tschüs Haus, tschüs Land, tschüs König"

Ein bestimmter Geruch oder Geschmack kann dazu führen, daß plötzlich Erinnerungen wach werden, Gedanken an eine Person oder ein Ereignis. Manchmal ist es, als ob man in eine andere Zeit zurückversetzt wird.

Kinder sind, mehr noch als Erwachsene, sensibel für Sinneseindrücke. Je mehr Sinnesorgane – Geschmack, Geruch, Tastsinn, Sehvermögen oder Gehör – bei einem Ereignis beteiligt sind, desto stärker wird die Erinnerung daran sein.

In der jüdischen Tradition spielt die Erinnerung eine große Rolle. Es ist lebenswichtig, sich an die Vergangenheit zu erinnern. Nicht der Vergangenheit wegen, sondern im Hinblick auf das Hier und Jetzt und im Hinblick auf die Zukunft. Die allerwichtigste Erinnerung ist die an den Auszug aus Ägypten. An Passa, dem jüdischen Osterfest, wird der Befreiung gedacht.

Der erste Abend des Festes, das acht Tage dauert, heißt Seder. Im Familienkreis wird die Geschichte des Auszuges erneut erzählt und erlebt. Nicht nur das Gehör macht mit, auch andere Sinnesorgane sind dabei beteiligt. Der Tisch wird gedeckt mit einem speziellen Osterservice, und es gibt besondere Gerichte. Wenn man die riecht und schmeckt, ist es gerade so, als ob man den Auszug noch einmal erleben würde. Von den bitteren Kräutern bekommt man Tränen in die Augen, sie erinnern an das Elend in Ägypten. Eine Mischung aus Äpfeln, Nüssen und braunem Zucker sieht aus wie der Lehm, aus dem die Sklaven Steine backen mußten. Die Matzes, die ungesäuerten Brote, erinnern an die Eile am Abend des Auszuges. Das Volk konnte es nicht erwarten, wegzukommen, und es war keine Zeit, den Brotteig aufgehen zu lassen. Der Wein, von dem viermal getrunken wird, durchglüht einen völlig, so groß ist die Freude über die Befreiung.

Es ist ein Abend, den man nie vergißt. Von der Kindheit an wird das allen eingeschärft. Für den jüngsten Anwesenden, oft ein Kind, gibt es eine besondere Aufgabe: Fragen stellen. Warum ist dieser Abend anders als alle anderen Abende? Warum essen wir heute abend bittere Kräuter? Warum essen wir ungesäuertes Brot? Warum...? Alle diese Fragen dürfen gestellt werden. Als Antwort wird die Geschichte des Auszuges erzählt, die Geschichte von Gott, der die Menschen befreit und ihnen eine neue Zukunft gibt.

Exodus 12,34-51

Tschüs Haus, tschüs Land, tschüs König

Es wird Abend in Ägypten. Die Sonne ist untergegangen. Es sind nur noch ein paar rote Streifen am Himmel. Die Grillen fangen an zu zirpen. Ein Stück weiter hört man das Geklapper der Störche. Es sind normale Geräusche. So geht es jeden Abend.

Aber in der Gegend, wo das Volk Gottes wohnt, hört man Geräusche, die man sonst nie hört. Überall wird geflüstert: „Beeilt euch, einpacken. Heute abend reisen wir ab. Moses hat es selbst gesagt."

In den kleinen Häusern rennt alles durcheinander. Die Kinder sind so aufgeregt, daß es sich anhört, als ob sie alle gleichzeitig Geburtstag hätten. Heute abend müssen sie nicht ins Bett, denn heute abend reisen sie ab! Sie suchen ihre Sachen zusammen. Jeder hat etwas, das unbedingt mit muß. Ein paar Adlerfedern, die man fast nirgends findet. Oder eine Sammlung bunter Käfer, die sonst niemand hat. Die Tür geht auf. Die ältesten Kinder kommen herein. Sie haben draußen die Schafe und Ziegen festgebunden. Die gehen auch mit.

„Wir müssen uns beeilen", sagt jemand. „Wir haben nur noch wenig Zeit."

In allen Häusern wird noch schnell etwas gegessen. Die Menschen stehen am Tisch, sie haben ihren Mantel schon an. Das Brot wurde so hastig gebacken, daß es ganz flach ist. „Heute essen wir flache Brote", lachen die Kinder. Es macht ihnen nichts aus. Heute ist alles anders als an anderen Tagen.

Dann wird geklopft. Jemand ruft: „Wir gehen!"

Manche Kinder wollen im letzten Moment etwas noch einmal machen. Wie zum Beispiel die Wange in die sanfte Höhlung der Mauer legen oder den Finger in die Höhle des Salamanders stecken.

Die Körbe und Taschen werden gepackt und draußen auf die Esel gebunden. Die Menschen schauen sich noch einmal um. „Wirklich nichts vergessen? Dann gehen wir!" Kleine Kinder nehmen die Hand ihrer Eltern oder der großen Schwester. Sie wollen sie im Dunkeln nicht verlieren.

Die Menschen gehen los, und noch einmal drehen sie sich um. Sie rufen: „Tschüs Misthaus, tschüs Mistland, tschüs Mistkönig!"

Da ziehen sie hin. Eine lange Reihe von Menschen und Tieren auf dem Weg ins Gelobte Land.

Exodus 12,34-51

Bleib bei mir, bleib bei dir selbst

Erläuterung zu „Zehn Gebote"

Manchmal spielen die Eltern den ganzen Tag Polizei. „Nicht anfassen! Das darfst du nicht in den Mund stecken. Du darfst das nicht einfach wegnehmen. Bleib bei mir!" Grenzen aufzeigen, heißt das in der Pädagogik.

Man muß einem Kind beibringen, was es darf und was es nicht darf. Wenn alles stimmt, macht man das nicht, um dem Kind auf die Nerven zu gehen, weil es einem gerade paßt oder weil es sich nun einmal so gehört. Man macht es für das Kind, damit es sicher und fröhlich aufwächst innerhalb der Grenzen, die die Regeln bilden. Damit es später weiß, was recht und unrecht ist und als selbständiger, verantwortungsvoller Mensch leben kann.

So sind auch die Zehn Gebote gedacht, als Lebensregeln, die Grenzen aufzeigen. In der Bibel werden sie die zehn Worte genannt. Wort bedeutet im Hebräischen auch „Tat". Dahinter steht die Absicht, daß diese zehn Worte in die Tat umgesetzt werden. Dann bilden sie einen Raum, in dem Menschen in Verantwortung und Freiheit leben können.

Die ersten fünf Gebote beziehen sich vor allem auf das Leben mit Gott. Er hat das Volk befreit, damit es in Freiheit lebt. „Bleib bei mir", sagt Gott. „Bleib bei deinem Befreier. Paß auf, daß du dich nicht wieder unfrei machen läßt, das ist Götzenanbetung. Verbinde meinen Namen nicht mit dem, was nicht zu mir gehört. Halte einen Tag frei, um bei mir und deiner Befreiung innezuhalten. Denke daran, daß deine Eltern das Leben in Freiheit an dich weitergegeben haben."

Die nächsten fünf Gebote beziehen sich auf das Leben der Menschen miteinander. Nimm nicht, was nicht dir gehört. Nicht das Leben eines anderen, nicht den Partner eines anderen, nicht den Besitz eines anderen. Nimm keine Worte in den Mund, die nicht deine sind. Verlange nicht nach dem, was nicht deines ist. Bleibe bei dir selbst.

Die Zehn Gebote wurden von Gott gegeben und vom Volk angenommen. „Wir werden sie bewahren, indem wir sie anwenden", sagen die Israeliten. So wird ein Bund geschlossen zwischen Gott und seinen Menschen. Das Volk Israel darf alles von Gott erwarten. In den Zehn Geboten sagt Gott, was er von seinem Volk erwartet.

Zehn Gebote

In der Wüste liegt der Berg Sinai. Der Berg ist so hoch, daß die Wolken gerne drumherum hängen. Auch Gott ist gerne dort, denn unten am Berg wohnt sein Volk. Hunderte von Zelten stehen bei dem Berg. Zwischen den Zelten geht es lebhaft zu. Überall sind Menschen. Kinder spielen fangen. Oder verstecken oder ein anderes Spiel, bei dem man laut schreien muß. Aber wenn man gut zuhört, hört man auch die Großen schreien. Sie haben Streit. Mehrmals am Tag. Streit über Wasser oder über Gras. „Nein, heute grasen meine Ziegen bei dem Buckelfelsen", schreit einer den anderen an.
Die Menschen haben nicht nur Streit, sie tratschen auch. „Hast du die Nachbarin gesehen?" sagt einer zum anderen. „Sie hat ihre Ohrringe an. Die glaubt wohl, daß sie hier die vornehme Dame ist! Ha, ha, die sollte sich lieber vor den Krähen in acht nehmen. Das sind richtige Ohrringdiebe."
Früh am Morgen steht vor Moses' Zelt schon eine lange Menschenschlange. Das sind Streithähne, die wissen wollen, wer recht hat. Den ganzen Tag ist Moses damit beschäftigt. Da sagt der eine: „Moses, gestern hat mein Nachbar mich als gelben Schafskopf beschimpft."
„Aber er hat sich mein Beil ausgeliehen, und jetzt will er es nicht mehr zurückgeben!" ruft der andere. Am Abend klettert Moses auf den Berg, um sich bei Gott auszuweinen.

„Total verrückt werde ich davon", ruft Moses. „Als die Menschen noch im Land Ägypten wohnten, waren sie unglücklich. Immer mußten sie Angst haben vor dem Pharao und vor den Aufsehern mit den Peitschen. Jetzt sind sie endlich weggelaufen und brauchen nicht mehr dem Pharao zu gehorchen, aber sie sind noch immer unglücklich."
Gott hört Moses zu. Er sagt: „Das kommt daher, daß die Menschen nicht gelernt haben, miteinander zu leben. Sie können nur ja sagen oder streiten. Gehe runter und komme in drei Tagen wieder zu mir. Dann werde ich dir erzählen, wie die Menschen zusammen leben können, ohne zu streiten."
Drei Tage später stehen Moses und das ganze Volk unten am Berg. Sie haben ihre besten Kleider an. Plötzlich sinkt eine große dunkle Wolke auf den Berg herab. Die Blitze zucken. Über die kahle Wüste rollt der Donner. Kleine Kinder halten sich an ihren Eltern fest. Über dem Berg erklingt der Schall der Hörner. Trommeln schlagen. Bis es still wird. Ganz still.
„Moses, komm herauf", erklingt eine Stimme. Moses klettert den Berg hinauf. Als er oben ist, sagt Gott: „Um miteinander zu wohnen, muß man erst diese Dinge lernen:
Erstes Gebot: Ich habe euch vom Pharao und von den Aufsehern mit den Peitschen befreit. Vergeßt das nie.
Zweites Gebot: Sucht nicht nach einem anderen Gott. Denn ich bin euer Gott.

Drittes Gebot: Wenn du dir mit einem Hammer auf den Finger schlägst, rufe dann nicht, daß ich es getan habe. Denn ich habe damit nichts zu tun.

Viertes Gebot: Einen Tag in der Woche hast du frei. Du hast frei, deine Knechte haben frei, und dein Esel hat frei. Wirf an dem Tag all dein Knechtsein in den Mülleimer.

Fünftes Gebot: Sei nett zu deinen Eltern. Auch wenn sie alt werden und nicht mehr für sich selbst sorgen können.

Sechstes Gebot: Schlage keine anderen Menschen tot.

Siebtes Gebot: Liebe die Menschen um dich herum und lasse sie nicht im Stich.

Achtes Gebot: Stehle nichts.

Neuntes Gebot: Sage über andere nichts Falsches.

Zehntes Gebot: Schau nicht die ganze Zeit, ob ein anderer mehr bekommt als du.

Das sind die zehn Gebote, die du dem Volk beibringen mußt!"

Moses bedankt sich bei Gott. Er geht den Berg hinunter und erzählt dem Volk von den Zehn Geboten. Die Menschen sehen sich an. Sie nicken. „So ist das also", sagen sie sich.

Exodus 19,1 bis 20,19

Ein Land zum Leben

Erläuterung zu „Für Pharaonen streng verboten"

Osten oder Westen, daheim ist es am besten. Zu Hause ist es doch am schönsten. Diese Redewendungen gehen von einem „Zuhause" aus. Ein eigener Ort zum Wohnen, in dem man lebt, zu dem man immer wieder zurückkehrt. Wenn es diesen Ort nicht gibt, ist man heimatlos. Das ist kein gutes Gefühl. Man fühlt sich nirgends zu Hause.

Das Volk Israel lebt in der Wüste. Aber da ist es nicht zu Hause, es kann nur Sandburgen und Luftschlösser bauen. Die Wüste steht für das Niemandsland. Dort kann man nicht dauerhaft wohnen, auch wenn dort gute Dinge passiert sind. Nach der Befreiung aus der Sklaverei in Ägypten ist Gott mit seinem Volk gegangen. In der Wüste hat er ihm die Zehn Gebote gegeben, und in entscheidenden Momenten zeigte sich, daß Gott da war, wie er es versprochen hatte.

Gott hatte auch ein Land versprochen. Dieses Versprechen an die Nachfahren von Abraham und Sara geht jetzt in Erfüllung. Das Volk Israel bekommt einen eigenen Ort, ein Land zum Leben. Es ist ein Ort, an dem das Volk in die Praxis umsetzen kann, was es in der Wüste gelernt hat. Die Regeln, um mit Gott und den Menschen zusammenzuleben, bilden die Grundlage für den Aufenthalt im Gelobten Land. Darum ist es streng verboten für jeden, der Unrecht tut, insbesondere für Pharaonen.

Der Auszug wird als ein Wunder beschrieben, der Einzug ist es auch. Gott selbst gibt das Land seinem Volk und führt es dorthin. Davon erzählt die Geschichte von der wundersamen Durchquerung des Jordan. Der Gang der Natur wird unterbrochen, das Wasser, das immer weiterströmt, bleibt stehen. Das bedeutet: Nicht aus eigener Kraft wurden die Israeliten befreit, nicht aus eigener Kraft erreichen sie das Gelobte Land. Nie werden sie sagen können: „Es ist unser."

Für Pharaonen streng verboten

In der Wüste, nicht weit von den grauen Felsen, stehen Hunderte von Zelten. Es sind die Zelte des Volkes, das mit Moses aus Ägypten weggelaufen ist. Die Kinder, die früher in Ägypten geboren wurden, sind groß geworden. Jetzt gibt es andere kleine Kinder. Sie spielen hinter den Zelten. Sie rutschen auf dem Hintern den Sandhügel hinunter. Oder sie laufen, wenn ihre Eltern nicht hinsehen, querfeldein mit den Kamelen. Weil es in der Wüste soviel Sand gibt, bauen sie oft große Sandpaläste. Das ist schwer, denn es gibt nur wenig Wasser in der Wüste. Und eine gute Sandburg muß richtig schön naß sein, sonst fällt sie bald auseinander. Heute machen sie einen Wettbewerb: Wer baut den schönsten Sandpalast? Erster Preis: eine Schaufel, zweiter Preis: eine Fliegenklatsche.

Als alle Sandpaläste fertig sind, rufen die Kinder ihre Eltern herbei. „Ihr müßt sagen, welcher Palast am meisten Ähnlichkeit mit dem des Pharao hat", sagen sie.
Ihre Eltern schütteln den Kopf. Sie brummeln: „Macht ihr nur Witze. Der Pharao war überhaupt nicht witzig. Das war ein schrecklicher, grausamer König."
„Erzählt nochmal", rufen die Kinder. Und die Eltern erzählen. Wie schrecklich der Pharao war. Wie fest die Aufseher mit ihren Peitschen schlugen. Die Kinder lauschen, ohne etwas zu sagen. Sie könnten die Geschichte jeden Tag hören, so gut ist sie. „Und dann seid ihr doch weggelaufen?" sagen die Kinder.
„Ja, dann sind wir weggelaufen! Zusammen mit Moses und zusammen mit Gott."
Die Kinder seufzen. Das war vielleicht spannend. Viel spannender als querfeldein zu laufen auf einem Kamel.
„Und dann hat Gott euch doch ein Land versprochen?" sagen sie.
„So ist es."
„Und versprochen ist versprochen."
Die Eltern nicken.

Eines Tages ist es soweit. Überall zwischen den Zelten rufen Menschen: „Wir gehen weg. Zieht eure besten Kleider an. Und du, du machst Brote für unterwegs."
Sie beladen die Esel und Kamele und treiben die Schafe und Ziegen zusammen. In einer langen Reihe gehen sie los. Ins Gelobte Land. Die Kinder tanzen, sie tollen und springen um die Karawane herum.
In der Ferne glitzert ein Fluß. Die Menschen zeigen darauf. „Da, auf der anderen Seite ist es!"
Aber wie kommen sie auf die andere Seite? Die Menschenschlange steht still vor dem Wasser. Vorne stehen die Menschen, die schwimmen können. Sie stecken den Fuß ins Wasser. Plötzlich hört der Fluß auf zu strömen. Das Wasser bleibt auf einer Seite stehen.
„Sieh mal! Sieh mal!"

Josua 3,1 bis 4,24

Wo zuerst Wasser war, ist es jetzt trocken. Die Menschen lachen und singen. Ein Lied für Gott, um ihm zu danken. Sie singen: „Hoch soll er leben." Und bestimmt sieben Mal „Er lebe hoch." So froh sind sie. Sie überqueren den Fluß, und erst als alle auf der anderen Seite sind, strömt das Wasser wieder weiter, so wie immer.
Die Menschen gehen in das Gelobte Land. Bis sie einen Platz finden, um ihre Zelte aufzustellen.

In einem dieser Zelte wohnt ein Mädchen. Sie sagt zu ihrer Mutter: „Ich hätte so gerne einen eigenen Baum."
„Wieso einen eigenen Baum?" fragt ihre Mutter.
„Einfach so, ich hätte so gerne einen eigenen Baum. Einen Baum, der nur mir gehört. Ich will darauf eine Hütte bauen, die niemand betreten darf."

Ihre Mutter denkt nach. „Die Bäume gehören nicht uns. Sie gehören zur Erde", sagt sie. „Du darfst sie schon benutzen. Aber du darfst sie nicht haben."
„Darf ich jetzt oder nicht?" fragt das Mädchen ungeduldig.
„Ja", sagt ihre Mutter. „Du darfst. Du darfst dir einen Platz machen nur für dich, in einem Baum. Aber du darfst nie sagen: ‚Es ist mein Baum.' Verstehst du?"
„Klar verstehe ich das", sagt das Mädchen.

Am nächsten Tag baut sie eine Hütte in einem Baum. Jeden Nachmittag klettert sie hinauf. Sie sieht über das Feld. Bis die Sonne untergeht. Eines Tages, als sie wieder hochklettert, hat sie ein Schild unter dem Arm. Sie macht es mit einem Stück Seil an der Hütte fest. Auf dem Schild steht: „MEIN PLATZ, für Pharaonen streng verboten."

Josua 3,1 bis 4,24

95

Rut

Geschichten über die Treue

Rut 1	**Ein hungriger Bauch**	100
Rut 1	**Hungerleider**	102
Rut 1	**Zwei sehr gute Freundinnen**	106
Rut 2 bis 4	**Ein netter Chef**	109

Rut

Einleitung zu den Geschichten über die Treue

Das Bibelbuch Rut besteht nur aus vier Kapiteln. Es erzählt Geschichten über die Treue. Treue der Menschen untereinander und gegenüber den Regeln, die Gott gegeben hat. Es spiegelt die Treue Gottes gegenüber den Menschen wider.

Pfingstfest

Rut ist ein festliches Buch. Es wird gelesen am jüdischen Pfingstfest, das sieben Wochen nach Ostern gefeiert wird. Das Pfingstfest ist ein Erntefest, bei dem auch an die Lebensregeln, die das Volk Israel nach der Befreiung aus der Sklaverei erhielt, erinnert wird. Regeln, um gut zusammenleben zu können, mit Gott und miteinander. Beide Themen, die Ernte und die Regeln, spielen eine wichtige Rolle im Buch Rut.

Der Umgang mit Fremden

Ein drittes Thema im Buch Rut ist der Umgang mit Fremden. Rut ist eine ausländische Frau. Der biblische Auftrag, dem Fremden Liebe zu erweisen, indem man ihm oder ihr Brot und eine Unterkunft gibt, wird in die Praxis umgesetzt und als beispielhaft dargestellt.

Zurück in das Gelobte Land

Erläuterung zu „Ein hungriger Bauch" und „Hungerleider"

Heutzutage würde man sie Wirtschaftsflüchtlinge nennen. Elimelech, Noomi und ihre beiden Söhne suchen ein besseres Leben im Land Moab, das für seinen hohen Lebensstandard bekannt ist.

Die Erwartungen an das gute Leben im Gelobten Land scheinen sich nicht zu erfüllen. Es herrscht eine Hungersnot. Der Zustand ist so ernst, daß Elimelech, dessen Name „Mein Gott ist König" bedeutet, das Städtchen Bethlehem, welches „Brothaus" bedeutet, verlassen muß. Brot ist nirgends zu sehen. Im Gelobten Land ist das ein Zeichen dafür, daß es nicht zum besten steht zwischen Gott und den Menschen.

Die Familie flieht in das Nachbarland Moab. Dort sind ganz andere Götter König. Außerdem ist Moab kein befreundeter Nachbar. Es geht dort auch nicht gut. Sowohl Noomis Mann als auch ihre beiden Söhne sterben. Als Fremde, als Frau ohne Mann, als Mutter ohne Söhne, hat Noomi in Moab keine Zukunft mehr. Das einzige, was ihr übrigbleibt, ist zurückzukehren. Zurückzukehren in das Gelobte Land, wo die Lebensregeln Gottes gelten, die Witwen Schutz bieten.

Noomi will allein zurückkehren. Ihre beiden Söhne waren mit moabitischen Frauen verheiratet. Und von diesen Schwiegertöchtern kann sie nicht verlangen, daß sie mitgehen. Sie haben im Gelobten Land nichts zu suchen. Aber eine der beiden, Rut, denkt anders darüber. Sie weigert sich, Noomi allein zu lassen. Sie läßt alles zurück und geht mit ihrer Schwiegermutter. Mit ungewöhnlichen Worten unterstreicht sie ihre ungewöhnliche Tat der Treue. Rut sagt: „Wo du hingehst, will ich hingehen, wo du übernachtest, will ich übernachten, dein Volk ist mein Volk, und dein Gott ist mein Gott."

In diesem Moment wissen die Frauen es noch nicht. Aber die Entscheidung Noomi's zurückzukehren und die unerwartete Entscheidung der moabitischen Rut mitzugehen, eröffnen neue Zukunftsperspektiven.

Ein hungriger Bauch

Die Felder des Gelobten Landes sind trocken. Knochentrocken. Alles ist gelb und verdorrt. Schon seit fast zwei Jahren hat es nicht geregnet. Jeden Tag schauen die Menschen zum Himmel, ob irgendwo eine Wolke zu sehen ist. Aber der Himmel bleibt strahlend blau. Es will einfach kein Regen kommen.
Wenn der Regen ausbleibt, wächst das Getreide nicht gut. Genau wie die anderen Pflanzen auf dem Acker. Die Menschen sehen bedrückt aus. Eine schlechte Ernte bedeutet Hunger.
Auf den Feldern außerhalb des Städtchens Bethlehem arbeiten Noomi und ihr Sohn Machlon. Der Boden ist hart und trocken. Noomi hackt die Stachelpflanzen weg. Sie sieht nach, ob schon Getreide wächst. Aber es ist nichts zu sehen. Machlon wirft die Stachelpflanzen auf einen Haufen. Den zündet er an. Machlon bleibt beim Feuer stehen. Langsam löscht er es. Er reibt sich über den Bauch. Er hat Hunger. In letzter Zeit gibt es wenig zu essen. Viel zu wenig für einen großen Jungen wie Machlon. Auch sein Vater und seine Mutter und sein Bruder reiben sich immer öfter über den Bauch.
Noomi gesellt sich zu Machlon. „Das Feuer ist ganz aus", sagt sie. „Komm, wir gehen nach Hause. Wer weiß, vielleicht haben dein Vater und dein Bruder auf dem Markt etwas zu essen kaufen können."
Aber als Noomi und Machlon nach Hause kommen, ist der Tisch leer. „Nichts gekauft?" fragt Noomi ihren Mann. Der schüttelt den Kopf. „Nein, es war alles viel zu teuer. Ich konnte nur vier Karotten kaufen. Das ist alles."
Sie knabbern an ihren Karotten. Karotten sind gesund. Aber ein hungriger Bauch will mehr: Brot und Obst, Gemüse und Fleisch.
„Was sollen wir machen?" fragt Noomis Mann, als die Karotten alle sind und sein Magen noch knurrt.
„Wir müssen von hier weggehen", sagt Noomi. „Weggehen?" fragt ihr Mann. „Weg aus dem Gelobten Land?"
„Es geht nicht anders", sagt Noomi. „Sonst werden wir vor Hunger sterben. Ich habe gehört, daß es im Land Moab noch genug zu essen gibt. Laß uns unsere Sachen verkaufen und nach Moab ziehen."
Am nächsten Tag verkauft Noomis Mann das Land. Von dem Geld, das er dafür bekommt, kauft er zwei Ziegen. „Die können uns unterwegs Milch geben", sagt er. Sie verabschieden sich von der Familie und den Nachbarn. Noomi geht noch einmal zum Hügel, von dem aus man so schön den Sonnenaufgang über Bethlehem sehen kann. Noch einmal steckt sie ihre Hände in das Wasser am Waschplatz, wo man die Frösche so fröhlich quaken hört. Sie sieht zum letzten Mal auf die große Eiche, in der die alte Waldeule wohnt. Dann geht sie zum Stadttor, wo die anderen schon auf sie warten.
Ein paar Kinder und Nachbarsfrauen stehen am Tor. Die Nachbarin von Noomi weint.

„Es ist so eine gefährliche Reise", schluchzt sie. „Überall sind Räuber!"
„Wir haben keine Angst", sagt Noomi. „Mach dir nur keine Sorgen."
„Du kommst doch sicher zurück?" fragt Noomis beste Freundin.

„Und ob!" sagt Noomi.
Noomi, ihr Mann und ihre zwei Söhne gehen los. Sie gehen zur Straße. Vier Menschen und zwei Ziegen. Einmal noch drehen sie sich um und winken. „Auf Wiedersehen, liebes Bethlehem", sagt Noomi.

Hungerleider

Jenseits der Grenze des Gelobten Landes liegt das Land Moab. Dort wohnt Rut mit ihren sieben jüngeren Geschwisterchen. Heute spielen sie Räuber und Gendarm. Der Älteste fragt: „Wer will Räuber sein?"

„Ich..., ich...", rufen die anderen sechs Kinder.

„Ich auch", sagt der Älteste. „Dann spielen wir alle Räuber. Kommt, wir gehen zur Straße. Heute kommen bestimmt Reisende vorbei. Dann überfallen wir die."

Rut lacht. Sie ist viel zu groß, um Räuber und Gendarm zu spielen. „Geht ihr nur", sagt sie.

Die Kinder rennen davon. Mit Stöcken und Zweigen in ihren Händen. „Wir gehen zum Bach", ruft der Älteste. „An dem schlammigen Wasser wachsen viele Sträucher. Dahinter kann man sich gut verstecken."

Sie warten. Wie schade, es kommt niemand, den man berauben könnte. Nicht ein einziger Reisender. Manchmal ist es ganz schön langweilig, Räuber zu sein.

Endlich sehen sie aus der Ferne Menschen näherkommen. Vier Menschen mit zwei Ziegen. Die Kinder schauen zu ihrem ältesten Bruder. Sst..., ruhig bleiben. Bis er ruft: „Angreifen...!"

Die Kinder springen auf die Straße. Ihre Zweige hoch über dem Kopf. Die Reisenden erschrecken. Die Kinder müssen laut lachen. „Ha, ha, es ist nur ein Scherz."

Die Reisenden sind erleichtert. Jetzt lachen sie auch. Aber nicht so laut, denn sie haben sich ordentlich erschrocken.

„Wer seid ihr?" fragen die Kinder neugierig.

„Ich bin Noomi", sagt Noomi. „Und das ist meine Familie. Wir kommen aus dem Gelobten Land."

„Wißt ihr vielleicht, wo ein Wasserbrunnen ist?" fragt Noomis Mann. „Für uns und unsere Ziegen. Wir haben Durst."

„Hinter unserem Haus ist ein Brunnen", antwortet der älteste Junge. „Kommt nur mit."

Er rennt voraus. Zum Haus. Dort melken Rut und ihr Vater die Ziegen. „Es sind Reisende da", ruft Ruts kleiner Bruder. „Sie hätten gerne Wasser aus dem Brunnen."

Sein Vater nickt. „Das ist in Ordnung, laß sie nur kommen."

Ruts Mutter kommt dazu. Sie schauen auf die Gruppe von Menschen, die zu ihnen kommt. „Hungerleider aus dem Gelobten Land", schimpft Ruts Vater. „Was wollen die hier?"

„Diese Menschen haben Hunger", sagt Rut. „Sie sind schon tagelang unterwegs."

Ihr Vater seufzt. „Ich weiß, ich weiß..."

Rut gießt das Wasser aus dem Brunnen in ein steinernes Trinkgefäß. Noomi und ihre Söhne lassen die Tiere trinken. Rut sieht zu Machlon hin. Was für ein netter Junge, denkt sie. Und was für eine nette Mutter er hat.

„Habt ihr vielleicht Arbeit für uns?" fragt Noomis Mann.

Der Vater von Rut denkt nach. Was hatte Rut

Rut 1

gesagt? „Diese Menschen haben Hunger."
Ja, das hat sie gesagt.
Also gut, denkt er. Hunger zu haben, ist auch kein Pappenstiel.
Jetzt wohnt Noomi mit ihrer Familie auf dem Land von Ruts Eltern. Aus ein paar Brettern bauen sie eine kleine Scheune. Jeden Tag arbeiten sie auf dem Feld. Machlon kommt oft bei Rut vorbei. Und Rut geht oft mal bei Machlon vorbei. Sie verlieben sich ineinander. Und ein Jahr später heiraten sie.
Eines Tages passiert etwas Schlimmes. Der Mann von Noomi stirbt. Und dann noch schlimmer: Ihre beiden Söhne sterben ebenfalls. „Jetzt habe ich niemanden mehr, überhaupt niemanden", weint Noomi. „Ich bin allein in diesem fremden Land."
Auch Rut weint. Um Machlon.

Nach all den Jahren ist der Hunger im Gelobten Land endlich vorbei. Nachts träumt Noomi von ihrem eigenen Land. Und von Bethlehem, dem Städtchen, wo sie gewohnt hat. Sie träumt vom Quaken der Frösche beim Waschplatz.
Sie träumt von der großen Eiche, wo die Waldeule wohnt. Eines Tages sagt sie zu Rut: „Ich will zurück ins Gelobte Land. Ich will zurück an den Ort, wo ich herkomme. Dort will ich sterben und begraben werden."
„Wenn du weggehst", sagt Rut, „dann gehe ich mit!"
Ihre Eltern und ihre Brüder und Schwestern erschrecken, als sie das hören. „Du darfst nicht von uns weggehen", rufen sie aus.
Dann sagt ihre Mutter: „Wenn Rut sagt, daß sie weggeht, wird sie es schon am besten wissen."
Die anderen nicken. Und Rut sagt: „So ist es, ich habe eine weise Mutter."

Mehr als das Übliche

Erläuterung zu „Zwei sehr gute Freundinnen" und „Ein netter Chef"

Der zweite Teil des Bibelbuchs Rut liest sich wie ein Liebesroman mit einem glücklichen Ende. Aber es würde nicht in der Bibel stehen, wenn es nicht eine tiefere Bedeutung hätte.

Im Gelobten Land gelten Regeln, die die Schwächeren in der Gesellschaft beschützen: eine biblische soziale Gesetzgebung. Weil diese Regeln genau befolgt werden, hat die Geschichte von Noomi und Rut einen guten Ausgang.

Zunächst gibt es die Regel, die besagt, daß Menschen ohne Einkommen das Recht haben, die Getreidehalme von den Erntefeldern aufzusammeln. An diese Regel denkt Noomi, als sie Rut zum Ährensammeln schickt.
Dann gibt es noch zwei Regeln, die in dieser Bibelgeschichte miteinander verbunden werden. Die Regel über die „Lösung" und die Regel der Schwagerehe.
Ein „Löser" ist jemand, der für ein verarmtes Familienmitglied das Land zurückkaufen kann, das dieser notgedrungen verkaufen mußte. So bleibt das Erbe in der Familie.
Die Schwagerehe ist gedacht für eine Witwe ohne Kinder. Der Bruder ihres verstorbenen Mannes mußte sie heiraten, damit die Familie des Bruders nicht ausstirbt; der erste in der Schwagerehe geborene Sohn galt als Nachkomme des Verstorbenen. Genau genommen müssen diese zwei Regeln im Fall von Rut nicht angewandt werden. Rut ist eine ausländische Frau, für sie gelten diese Regeln nicht. Und Boas ist zwar ein Verwandter, aber kein Bruder ihres Mannes. Dennoch wendet Rut sich nicht vergeblich an Boas. Er handelt nicht buchstabengetreu, aber er ist dem Geist des Gesetzes treu. Er macht mehr, als die Regeln vorschreiben. Er tut mehr als das Übliche.

Das fängt damit an, daß Boas die Arbeiter beauftragt, absichtlich Getreidehalme liegen zu lassen, damit Rut besonders viele aufsammeln kann. Als Rut sich über seine Güte wundert, stellt sich heraus, daß sie selbst das gute Beispiel gegeben hat. Indem sie bei Noomi bleibt, ihr treu ist und für sie sorgt, tut sie mehr als das Übliche. Boas erkennt das. Außerdem bietet er ihr Gottes Schutz an. Das ist kein frommes Geschwätz von Boas, es sind keine leeren Worte. Boas gibt ihnen Inhalt, indem er als „Löser" auftritt und Rut heiratet. Boas und Rut zeigen beide in Worten und Taten etwas von der Treue Gottes.

Wo Menschen so miteinander und mit Gottes Regeln umgehen, läßt sich gut leben. Da gibt es eine Zukunft für Noomi und für die ausländische Rut, da gibt es eine Zukunft für das Volk Israel.

Zwei sehr gute Freundinnen

Durch die Straßen des Städtchens Bethlehem rennen die Kinder. Warum sie so schnell rennen? Wegen gar nichts. Sie rennen einfach so, fast den ganzen Tag. Sie rennen durch das Tor, auf die Felder außerhalb der Stadtmauern. Und dann wieder zurück. Unterwegs kann allerlei passieren. Ein Esel, der durchgeht, oder eine Karre, die umfällt. Auch heute laufen sie wieder umher. Auf nackten Füßen rennen sie durch das Tor. „Sieh mal, sieh mal!" zeigen sie. „Da kommen zwei Frauen."
Die Frauen gehen langsam. Sie haben ihre Sachen in einem Bündel auf dem Kopf. An einem Seil läuft eine Ziege. Die Kinder springen um die beiden Frauen herum. „Wie heißt ihr?" rufen sie. „Und was wollt ihr hier machen?"
Die ältere Frau gibt Antwort. „Ich bin Noomi. Ich bin verwandt mit Boas aus Bethlehem. Früher, als ihr noch nicht geboren wart, wohnte ich hier. Und heute komme ich zurück."
„Und du?" fragen sie Rut. „Wer bist du?"
„Ich bin Rut. Ich komme aus dem Land Moab. Ich bin mit Noomi gekommen."
Die Kinder lachen. „Du redest komisch", sagen sie zu Rut. „Wirklich so wie die Menschen in Moab. Das hört man gleich."
Die Kinder kehren um. Sie rennen nach Hause. Das sind Neuigkeiten! Das müssen sie jedem erzählen.
„Hört mal her", rufen sie, „es ist eine Frau auf der Straße. Sie heißt Noomi. Sie ist eine Verwandte von Boas. Sie ist wieder zurück. Mit einem Mädchen aus Moab. Und die redet so komisch, daß man gleich lachen muß."
„Noomi?" fragen die Menschen erstaunt. „Bist du sicher?"
Sie kommen aus ihren Häusern. „Noomi", rufen sie, „du bist es wirklich! Aber wo ist dein Mann? Und wo sind deine Kinder?"
Noomi schlägt sich die Hände vor das Gesicht. Die Tränen tropfen auf ihr Kleid. „Sie sind tot", sagt sie.
Die Menschen werden ganz still. Wie furchtbar, denken sie. Ganz leise gehen sie wieder nach Hause.

Auf dem Land rund um Bethlehem stehen ein paar Hütten. In einer dieser Hütten ist noch ein kleines Zimmer frei. Da dürfen Noomi und Rut bleiben. „Es ist besser, als draußen zu schlafen", sagt Rut. Aber als sie abends unter ihre Decken kriechen, können sie nicht einschlafen. „Ich höre ein gruseliges Geräusch", sagt Rut.
Noomi lauscht. „Es ist nichts Besonderes", sagt sie. „Vielleicht ein Fuchs, der über das Feld rennt."
Rut zieht die Decke fester um sich. Da hört sie schon wieder so ein gruseliges Geräusch. „Noomi", sagt sie, „hörst du das auch?"
„Das ist eine Eule, Rut", sagt Noomi. „Das Geräusch hört man nachts in Moab auch."

Rut 1

Noomi hat recht. Und doch klingen die Geräusche hier anders, denkt Rut. Sie kann nicht schlafen. Sie macht sich Sorgen. „Wie sollen wir morgen an Essen kommen?" flüstert Rut.
Noomi sagt nichts. „Schläfst du schon?" fragt Rut.
„Nein", sagt Noomi, „ich überlege auch, wie wir an Brot kommen sollen. Ich habe gerade gedacht: Es ist Erntezeit. Wenn man morgen auf das Feld außerhalb der Stadt geht, ist da bestimmt jemand bei der Ernte. Dann kann man hinter den Mähern hergehen und aufsammeln, was sie vergessen haben. Das ist erlaubt in diesem Land. Man darf das Getreide sammeln, das liegenbleibt."
„Das ist ein guter Plan", flüstert Rut. „Morgen werde ich das probieren."
„Jetzt schlafe erst mal", sagt Noomi. „Morgen mußt du früh 'raus."
Dann schlafen Rut und Noomi endlich ein.

Ein netter Chef

Rut rennt über die Straße. Vor ihr geht ein Junge mit einer Sichel über der Schulter. „He, halte mal an..." ruft Rut. Der Junge dreht den Kopf. „Na, na, du hast es aber eilig", sagt er.

Rut ist außer Atem vom Rennen. „Weißt du...weißt du vielleicht, wo heute ein Feld abgeerntet wird? Und wo ich Getreide aufsammeln darf?"

Der Junge bleibt stehen. „Du hast Glück", sagt er. „Ich arbeite auf dem Feld von Boas. Der ist ein netter Chef. Du darfst bestimmt Getreide sammeln auf seinem Feld. Komm nur mit."

Den ganzen Morgen wird auf dem Feld von Boas hart gearbeitet. Vorne auf dem Feld geht Boas selbst. Mit sechs anderen Mähern, die das Getreide abschneiden. Dahinter kommen die Jungen, die das Getreide aufheben und zusammenbinden. Ganz hinten geht Rut. Sie hebt auf, was die Jungen vergessen. Ab und zu hört Boas mit dem Abschneiden des Getreides auf. Er schaut, ob die Arbeit vorangeht. „Wer ist das Mädchen da hinten?" fragt Boas nach einer Weile einen seiner Knechte.

„Das ist Rut, Chef. Sie ist mit Noomi aus Moab gekommen."

„Ach ja, richtig", murmelt Boas, „Rut! Ich habe von ihr gehört. Gib den Jungen, die das Getreide binden, den Auftrag, ab und zu mit Absicht etwas fallen zu lassen."

„Absichtlich etwas fallen lassen?" stottert der Knecht. „Aber Herr Boas..." „Genau, was ich sage. Na los! Wenn die Jungen heute etwas mehr Getreide liegen lassen, hat sie heute abend wenigstens auch etwas, das sie mit nach Hause nehmen kann."

An dem Abend kommt Rut mit den Armen voll Getreide nach Hause. „Soviel?" ruft Noomi aus. „Davon kann ich ja die ganze Woche Brote backen. Wer war denn so nett zu dir?"

Rut erzählt Noomi von Boas. Daß sie morgen wieder auf seinem Feld arbeiten darf. „Auf meinem Feld bleibt genug für dich übrig", hat er gesagt. „Alles, was du findest, darfst du mit nach Hause nehmen."

In dieser Nacht kann Noomi wieder nicht schlafen. Auch Rut dreht sich von einer Seite auf die andere.

„Schläfst du schon?" fragt Noomi.

„Nein", flüstert Rut, „ich wollte, diese Eule wäre endlich mal ruhig."

„Hör zu", sagt Noomi, „ich habe einen Plan. Morgen gehst du wieder zum Feld von Boas. Wenn es Mittag wird und Boas sein Mittagschläfchen hält, dann krieche ganz still neben ihn."

„Und dann?" fragt Rut. Sie setzt sich auf.

„Dann mußt du abwarten, was passiert."

Rut legt sich wieder hin. Sie versteht es nicht ganz. Es wird wohl eine Sitte von hier sein, denkt sie. Und da kennt Noomi sich natürlich aus.

Am nächsten Tag arbeitet Rut wieder auf dem Feld von Boas. Sie geht hinter den Jun-

Rut 2, 3 und 4

gen her, die das Getreide zu Garben binden. Als die Sonne hoch am Himmel steht, legt sich jeder für ein paar Stunden zur Ruhe. Es ist dann viel zu warm zum Arbeiten. Die Knechte suchen sich ein Plätzchen im Schatten. Sie reden was oder sie schlafen. Boas schläft allein in der Scheune. Rut kriecht neben ihn. Ganz leise, um ihn nicht zu wecken. Dann fühlt Boas etwas an seinem Arm. Als er aufwacht, sieht er Rut. „Was machst du hier?" fragt er. „Ach, Boas", sagt Rut, „ich dachte: Ich lege mich mal zu dir in die Scheune. Denn hier ist es schön ruhig. Hier werde ich bestimmt nicht gestört."

Boas hat sich aufgesetzt. „Ich habe viel über dich gehört", sagt er. „Daß du mit Noomi gekommen bist. Und daß du jetzt für sie sorgst."

Boas steht auf. „Bleib ruhig hier zum Schlafen", sagt er. „Ich werde mal sehen, ob ich etwas für euch tun kann. Schließlich bin ich ein Verwandter von Noomi."

Boas geht in die Stadt. Er kennt jemanden, der ein Stück Land mit einem Häuschen zu verkaufen hat. Er kauft das Land und das Haus für Noomi und Rut. Man kann sich vorstellen, wie froh sie sind.

Als sie in ihr eigenes Haus ziehen, malt Rut mit schönen schwungvollen Buchstaben auf die Tür: „Uns Heim." Die Kinder von Bethlehem sehen sich das an. „Das ist nicht richtig", sagt das älteste Kind. „Du mußt schreiben: ‚Unser Heim'."

Rut schüttelt den Kopf. Sie sagt: „Eure Sprache ist aber schwer. Ich lerne es nie."

Aber sie versteht sie eigentlich schon sehr gut. Als Boas sie fragt: „Willst du mich heiraten?" sagt sie: „Ja, das will ich." Und jeder versteht, was sie meint.

Nach einem Jahr kommt ein Baby. Es ist ein Junge und heißt Obed. Alle freuen sich sehr. Noomi will gar nicht mehr weg von dem kleinen Kind.

Sie trägt es den ganzen Tag auf dem Arm. Die Nachbarinnen sagen: „Es ist fast so, als ob Noomi ein Baby bekommen hat!"

Aber sie wissen wohl, daß es ein Kind von Rut ist.

Samuel und Könige

Geschichten über den Propheten Samuel und die Könige Saul, David und Salomo

1. Samuel 1,1-8	**Lustig wie ein Kind**	*116*
1. Samuel 1,9 bis 2,10	**Ein Kind mit ungewöhnlichen Ohren**	*118*
1. Samuel 2,11 bis 4,1	**Ich bin schon sechs Jahre alt**	*122*
1. Samuel 8,1-21	**Einen König zu haben, das ist schick**	*126*
1. Samuel 9,1 bis 10,9	**Saul sucht seine Esel**	*130*
1. Samuel 15	**Ein König, der stiehlt**	*134*
1. Samuel 16,1-13	**Wer wird der neue König?**	*136*
1. Samuel 16,14-23; 18,1-16; 19,1-9	**Saul ist neidisch**	*140*
1. Samuel 24,1-23	**David und Saul**	*143*
2. Samuel 6,1-23	**Jerusalem, eine Friedens-Stadt**	*147*
1. Könige 1,1-49 und 3,1-15	**Ein Geschenk von Gott für Salomo**	*151*
1. Könige 10,1-13	**Die Königin kommt zu Besuch**	*154*

1. Samuel Kapitel 1 bis 4, 8 bis 10, 15 und 16, 18, 19 und 24
2. Samuel Kapitel 6 und 1. Könige Kapitel 1, 3 und 10

Samuel und Könige

Einleitung zu den Geschichten über den Propheten Samuel und die Könige Saul, David und Salomo

Für das Volk Israel im Gelobten Land bricht ein neues Zeitalter an: Die Zeit der Könige. Die Geschichten über diesen Zeitabschnitt werden erzählt in den Bibelbüchern Samuel und Könige.

Prophet

Könige kommen in der Bibel nicht ohne Propheten aus. Der Prophet erinnert den König an die befreienden Worte und Taten Gottes. Ohne Prophet könnte der König allzuleicht vergessen, daß er zum Wohle Gottes und der Menschen da ist, und nicht umgekehrt. Propheten weisen die Könige auf die Folgen ihrer Entscheidungen hin, sie erklären, was recht und unrecht ist. Deshalb beginnt das Zeitalter der Könige mit der Geburt eines Propheten: Samuel.

Saul, David und Salomo

Die Geschichten dieser Kinderbibel erzählen über die ersten drei Könige: Saul, David und Salomo. Unter deren Regentschaft blüht Israel auf. Menschen von überall her kommen nach Jerusalem, der Hauptstadt des Landes, um den Gott Israels zu preisen.

Verbannung

Als die Bibelgeschichten über Samuel und die Könige Saul, David und Salomo aufgeschrieben werden, ist Jerusalem schon längst ein Trümmerhaufen. Der Tempel ist verwüstet, ein großer Teil der Bevölkerung wurde nach Babylon deportiert, dem mächtigen Nachbarland, das alle umliegenden Länder erobert und annektiert. Weit weg von zu Hause, im Exil, fragen sich die Verbannten, wie es so weit kommen konnte, nach dem vielversprechenden Anfang der Könige in Israel. Es wird scharf analysiert und bewertet. Und diese Bewertung wird verarbeitet in den Geschichten, die man aufschreibt.

Die Bibelgeschichten schildern, wie der Zerfall schon unter König Salomo beginnt, weil er anderen Göttern Opfer bringt. Das Volk und die Könige nach ihm folgen der Spur der Götzenanbetung. Auf die Propheten wird nicht mehr gehört. So entfernt sich das Volk Israel von Gott, bis es sich selbst und Gott in der Verbannung wiederfindet. Dort klingen die Geschichten über goldene Zeiten und schlechte Zeiten mehr wie eine Warnung als wie ein Versprechen: Laßt uns nahe bei Gott bleiben, dann wird es uns gutgehen.

Ungewollt kinderlos

Erläuterung zu „Lustig wie ein Kind" und „Ein Kind mit ungewöhnlichen Ohren"

Hanna ist unfruchtbar. Manche Frau wird sich in ihrem anhaltenden Kummer wiedererkennen. Dennoch geht es im Kern dieser Geschichte nicht um das Problem der ungewollten Kinderlosigkeit. In der Bibel kommt das Thema Unfruchtbarkeit sehr häufig vor. Es bedeutet, daß der Weg für Menschen in einer Sackgasse endet. Wenn sich dann zeigt, daß doch neues Leben möglich ist, wird das in Zusammenhang mit Gott gebracht. Er macht einen neuen Anfang.

Samuel ist der erste Prophet des Volkes Israel. Schon vor seiner Geburt wird deutlich, was seine Botschaft sein wird. Eine Botschaft, die verpackt ist im Wunder der Unfruchtbaren, die schwanger wird: Nicht aus eigener Kraft der Menschen, sondern durch Gottes Gnade wird neues Leben geboren. Hanna, die Mutter Samuels, trägt diese Botschaft in ihrem Namen. Der bedeutet: „Gnade", „Gunst".

In dieser Bibelgeschichte wird wunderbar beschrieben, wie selbst die Liebe eines Menschen, Hannas Mann Elkana, manchmal nicht ausreicht. Rührend ist sein Versuch, sie zu trösten. Doch Hanna braucht nicht einen Mann, sondern die Liebe Gottes. Sie sucht Halt bei Gott, als sie im Tempel die leeren Hände zum Himmel hebt und im Gebet ihren Kummer hinausschreit.

Wie so oft in der Bibel zeigt auch diese Geschichte, daß traurige und verletzbare Menschen von Gott beachtet werden. Durch ihre Unfruchtbarkeit ist Hanna verletzbar. In einer Kultur, in der der Sinn eines Frauenlebens im Gebären und Großziehen von Kindern besteht, ist sie ein minderwertiges Wesen. Aber in den Augen Gottes ist das anders. Ihre Minderwertigkeit, ihre Kinderlosigkeit, ist auch von Gott ungewollt. Sie bekommt einen Sohn. Samuel nennt sie ihn. In diesem Namen ist das Wort „Gott" und das Verb „hören, lauschen" enthalten. Gott hat Hanna gehört, und Samuel wird auf Gott hören.

Hanna singt am Ende ein streitbares Lied. Darin erklingt wiederum dieselbe Botschaft. Schreib' es dir hinter die Ohren: Nicht die menschliche Kraft und der menschliche Erfolg sind maßgebend, sondern die Befreiung durch Gott. Wenn man mit Gottes Augen sieht, ist alles anders: Nicht die Erfolgreichen, sondern die Mittelmäßigen, nicht die kinderreichen, sondern die unfruchtbaren Frauen, nicht die Gewinner, sondern die Verlierer sind in Gottes Augen gesegnet.

1. Samuel 1,1-8

Lustig wie ein Kind

Elkana hat zwei Frauen, Hanna und Peninna. Er liebt alle beide. Na ja, wenn er ehrlich ist, würde er sagen: „Hanna liebe ich mehr."

Aber das sagt Elkana nicht. Es gibt schon genug Streit zwischen Hanna und Peninna. Sie mögen sich nicht. Peninna tratscht über Hanna bei den Nachbarinnen. Und Hanna hat Angst vor Peninna und ihren gemeinen Worten. Peninna hat Kinder. Hanna nicht. Und das ist schade, denn Hanna liebt Kinder sehr.

Die beiden Frauen sind in der Küche. Sie haben das Essen gekocht. Draußen spielen die Kinder von Peninna. „Wisch' du den Fußboden", sagt Peninna zu Hanna. „Ich spiele mal eben draußen mit den Kindern."

Peninna geht nach draußen. Hanna nimmt den Besen und kehrt den Fußboden. Dabei weint sie. Wie schön wäre es doch, denkt sie, wenn ich auch ein Kind hätte. Elkana kommt herein. „Warum mußt du weinen, Hanna?" fragt er. „Ich hätte so gerne ein Kind", schluchzt Hanna. Elkana legt seine Arme um sie. „Weine nicht, Hanna", sagt er. „Ich liebe dich doch." Hanna sieht immer noch traurig aus. Elkana versucht, sie zum Lachen zu bringen. Er stellt sich auf den Kopf und sagt: „Sehe ich jetzt nicht aus wie ein Kind, das auf dem Kopf steht?"

Aber Hanna sieht immer noch traurig aus. Elkana beginnt, wie ein Frosch durch das Zimmer zu hüpfen.

„Guck mal, Hanna! Sehe ich nicht aus wie ein Kind, das einen Frosch nachmacht?"

Hanna schüttelt den Kopf. „Nein wirklich, danach siehst du nicht aus", sagt sie.

Dann kriecht Elkana auf Händen und Füßen durch die Küche und ruft: „Ta, ta, ta..., bin ich nicht gerade wie ein Baby, das durch die Küche kriecht?"

Da fängt Hanna an zu lachen.

„Siehst du wohl, daß ich ebenso lustig bin wie drei Kinder zusammen!" ruft Elkana froh.

„Du bist ein Spinner", sagt Hanna. „Aber ich finde drei Kinder noch lustiger."

1. Samuel 1,1-8

1. Samuel 1,9 bis 2,10

Ein Kind mit ungewöhnlichen Ohren

Hanna und Elkana gehen die Straße entlang. Sie wollen Gott im Tempel besuchen. Das machen sie jedes Jahr. In ihrer Tasche haben sie Geschenke für Gott. Ein kleines Bündel Getreide, das von ihrem Land kommt. Und an einem Seil geht ein Lämmchen. Es ist das erste Lämmchen, das in diesem Jahr geboren wurde. Es sind alles Geschenke für Gott. So machen sie das immer. Der Weg zum Tempel ist staubig. Man bekommt davon einen trockenen Hals. Aber das finden Hanna und Elkana nicht schlimm. Sie besuchen den Tempel, um mit Gott zu reden. Zu Hause ist soviel Lärm. Im Tempel ist kein Lärm. Meistens ist es dort ganz still.

Beim Tempel angekommen, bringen sie erst ihre Geschenke zu Gott. Sie verbeugen sich und legen das Getreide und ihr Lamm am Altar nieder. Danach spricht Elkana mit Gott. Hanna geht im Tempel hin und her. Sie weiß sehr gut, worüber sie mit Gott sprechen will. Aber sie weiß nicht recht, wie sie es sagen soll. Sie denkt, ich werde sagen: „Jeder hat doch ein Kind...warum habe ich dann kein Kind?" Nein, das klingt so habgierig. Hanna zögert ein bißchen am Altar. Dann geht sie nach draußen. Sie ruft nach Gott: „Gott, es wäre doch so herrlich, ein Kind zu haben! Und weißt du, Gott, wenn ich ein Kind bekomme, wird es auch ein bißchen dein Kind sein. Das verspreche ich."
Gott hört Hanna rufen. Und er beschließt, Hanna ein Kind zu geben. Ein Kind mit ganz besonderen Ohren. Denn mit den Ohren vieler Menschen im Lande stimmt etwas nicht. Sie hören damit nicht auf Gott. Das kommt daher, daß die Menschen viel zu beschäftigt sind, zu beschäftigt mit sich selbst.
Als Elkana und Hanna drei Tage beim Tempel gewesen sind, gehen sie wieder nach Hause.
„Worüber hast du mit Gott gesprochen?" fragt Elkana Hanna unterwegs.
„Sag' ich nicht", lacht Hanna.
Elkana nickt. Er kann sich denken, worüber Hanna gesprochen hat.

Nach einer Weile wird Hannas Bauch dicker. Die Menschen flüstern sich zu: „Hast du das schon gesehen? Hannas Bauch! Wie ist es möglich? Sie bekommt sicher ein Kind."
Und so ist es. Eines Tages wird das Kind geboren. Es ist ein Junge. Der allerschönste Junge der Welt, findet Hanna. Noch am gleichen Tag kommen die Nachbarinnen zu Besuch. Sie wollen das Kind mit eigenen Augen sehen. „Was für ein schönes Kind!" rufen sie. „Und was für schöne Ohren er hat!" Jetzt sieht Hanna es auch. Er hat ganz ungewöhnliche Ohren. Sie küßt sie zärtlich. „Wie wirst du ihn nennen, Hanna?" fragen die Nachbarinnen.
„Ich nenne ihn Samuel", sagt Hanna.
Den ganzen Tag geht sie mit ihm hin und her. Oder sie badet ihn. Oder sie singt ihm Lieder vor.

1. Samuel 1,9 bis 2,10

1. Samuel 1,9 bis 2,10

Hanna ist so froh, daß sie selbst ein Lied dichtet. Darüber, wie seltsam es manchmal in der Welt zugeht. Sie singt das Lied, um Gott zu danken. Es geht so:

In dem Land Verkehrtherum
dreh'n sich alle Dinge um.
Soldaten mit den Schießgewehren
knutschen ihre Teddybären
in dem Land Verkehrtherum,
wer dorthin will,
ist nicht dumm!

In dem Land Verkehrtherum
dreh'n sich alle Dinge um.
Das Kind, das heult vor lauter Plagen,
wird jetzt singend 'reingetragen
in das Land Verkehrtherum,
und wer mit will,
ist nicht dumm!

In dem Land Verkehrtherum
dreh'n sich alle Dinge um.
Landstreicher, die sonst nichts haben,
jetzt im Restaurant sich laben
in dem Land Verkehrtherum,
wer dorthin will,
ist nicht dumm!

1. Samuel 2,11 bis 4,1

Hallo Samuel, hier spricht Gott

Erläuterung zu „Ich bin schon sechs Jahre alt"

In Bibelgeschichten ist es nichts Ungewöhnliches, wenn Gott und die Menschen direkt miteinander sprechen. Fragen, Bitten, Drohungen und Liebeserklärungen wechseln sich dabei ab. Aber manchmal ist es still. So wie jetzt. Die Menschen leben, als ob es keinen Gott gäbe, er hat ihnen offenbar nichts zu sagen.

Verkommenheit, Vandalismus und Korruption sind an der Tagesordnung, sogar im Tempel. Keine einfache Zeit, um ein Kind großzuziehen. Dennoch ist das der Auftrag, der dem Priester Eli bevorsteht, als der kleine Samuel ihm von dessen Mutter Hanna anvertraut wird, um im Tempel dienen zu lernen.

Auf den ersten Blick ist Eli nicht gerade dazu geeignet, ein Kind zu erziehen. Seine eigenen Söhne sind ein Beispiel dafür, wie man es nicht macht. Sie dienen ebenfalls im Tempel, oder besser gesagt: Sie führen dort eine Art Schreckensherrschaft. Sie nehmen den Gläubigen das Opferfleisch ab, noch bevor es geopfert wurde, um sich selbst daran gütlich zu tun. Und sie scheuen dabei keine Gewalt. So bekommt der Tempel und sogar die ganze Religion einen schlechten Ruf im Volk. Eli versucht zwar, seine Söhne zur Ordnung zu rufen, aber sie hören nicht auf ihn.

Ausgerechnet dieser Eli mit den zwei Söhnen, die nicht viel taugen, ist der Lehrmeister des ersten Propheten. Das kommt in der Bibel häufiger vor. Menschen erhalten eine wichtige Aufgabe zugewiesen, für die sie völlig ungeeignet erscheinen.

Eli, der kein vorbildlicher Erzieher ist, der Fehler gemacht hat, erhält eine neue Chance. Dieses Kind hört auf Eli. Sogar nachts, wenn er gerufen wird, rennt Samuel zu Eli, um zu hören, was er zu sagen hat. Aber es ist nicht Eli, der ruft, es ist Gott selbst. Das kann Samuel noch nicht wissen, und Eli hat beinahe vergessen, daß das passieren kann. Aber als Samuel zum dritten Mal an seinem Bett steht, geht Eli ein Licht auf. Dann erteilt er Samuel die Lektion seines Lebens. Er lehrt Samuel, auf Gott zu hören.

Wäre es nicht großartig, so wie Samuel direkt von Gott gerufen zu werden? Wer danach verlangt, sollte bedenken, daß der Auftrag an einen Gerufenen meistens nicht einfach ist. Samuels erster Auftrag fällt ihm schwer. Er muß Eli sagen, daß es mit seinen Söhnen ein schlechtes Ende nehmen wird. Nachdem sie aus dem Tempel entfernt werden, geht es besser. Die Ehrfurcht vor Gott kann wieder einen Platz im Leben der Menschen einnehmen.

Samuel lernt weiter und wächst in seiner Weisheit. Jeder wird ihn als einen großen Propheten kennenlernen.

1. Samuel 2,11 bis 4,1

Ich bin schon sechs Jahre alt

Samuel geht zum Tempel. Zusammen mit seiner Mutter packt er alles ein. Seine Kleider und den Kristallstein, der an allen Seiten glänzt. Ein Öllämpchen in Form einer Schlange und eine große Muschel, in der das Meer rauscht.
Hanna, seine Mutter, schnieft die ganze Zeit mit der Nase. Nicht, weil sie erkältet ist oder so. Nein, sie ist traurig, weil Samuel weggeht. „Aber Mama", sagt Samuel zu ihr, „du brauchst doch nicht zu weinen. Ich bin doch schon sechs Jahre alt."

Alle sechsjährigen Kinder gehen zur Schule. Einer von Samuels Freunden geht in die Töpferschule, um zu lernen, wie man töpfert. Ein anderer geht in die Teppichknüpferschule, um zu lernen, wie man Teppiche knüpft. Und wieder ein anderer lernt, Häuser zu bauen. Aber die meisten Freunde von Samuel gehen in die Hirtenschule im Gebirge. Dort lernen sie, wie sie die Schafe zusammenhalten müssen, damit sie nicht verloren gehen. Samuel geht zum Tempel. Er wird Tempeldiener. Das hat seine Mutter früher einmal Gott versprochen. „Komm, wir gehen", sagt sie. Samuel verabschiedet sich von seinen Freunden und von den Nachbarn. Er klettert zu seinem Vater Elkana auf den Esel.
Zwei Tage reiten sie. Dann kommen sie zum Tempel. Eli, der alte Tempeldiener, kommt ihnen schon entgegen. „Willkommen, kleiner Samuel", sagt er. „Du wirst also jetzt bei uns wohnen, hier im Tempel. Und ein bißchen mit anpacken bei der Arbeit. Das freut mich." Nach drei Tagen kehren sein Vater und seine Mutter nach Hause zurück. Samuel bleibt alleine mit dem alten Eli. Der bringt ihm bei, wie man Tempeldiener wird. Samuel muß den Tempel saubermachen, die Besucher einlassen und ihnen erzählen, welche Geschenke man Gott geben kann. Jeden Tag lernt Samuel mit Eli, bis er alle Geschichten über die Abenteuer der Menschen mit Gott auswendig kennt.
So wächst Samuel heran. Als er sieben ist, ist er schon ein Stück größer als mit sechs. Und mit acht wieder eine Stück größer als mit sieben. Jedes Jahr kommen sein Vater und seine Mutter zu Besuch. Sie erzählen ihm Neuigkeiten von Zuhause, und Hanna bringt Samuel neue Kleider mit.

Der alte Tempeldiener Eli hat zwei Söhne. Die sind auch Tempeldiener. Schreckliche Jungen sind es. Sie schnauzen die Besucher an. Und die Geschenke, die für Gott sind, nehmen sie weg und stecken sie in die eigenen Taschen. Samuel hat Angst vor den Jungen. Wenn er sie kommen sieht, versucht er immer, sich schnell zu verstecken. Aber vor dem alten Eli hat Samuel keine Angst. Der ist fast genauso nett wie sein eigener Vater. Nachts schläft Samuel neben Eli auf dem Fußboden. Eines Nachts hört er eine Stimme, die ruft: „Ich bin hier."

1. Samuel 2,11 bis 4,1

1. Samuel 2,11 bis 4,1

Samuel setzt sich auf und fragt: „Eli, was ist los, warum rufst du mich?"

„Ich habe dich gar nicht gerufen", sagt Eli erstaunt. „Du hast sicher geträumt."

Samuel legt sich wieder schlafen. Und wieder hört er es rufen: „Ich bin hier."

Samuel erschrickt und schüttelt Eli am Arm. „Warum rufst du mich denn?"

Eli reibt sich die Augen. „Aber Junge, ich habe dich gar nicht gerufen."

Als Samuel Eli zum dritten Mal wachrüttelt, fängt Eli an zu begreifen. Er sagt: „Ich weiß es. Es ist Gott, der dich ruft. Wenn du ihn wieder hörst, mußt du sagen: Ja Gott, ich bin es, Samuel. Ich höre."

Als Samuel in dieser Nacht zum vierten Mal gerufen wird, sagt er: „Ja Gott, ich bin es, Samuel. Ich höre."

Gott sagt: „Erzähle morgen Eli, daß seine Söhne keine Tempeldiener mehr sein dürfen."

Am nächsten Tag traut Samuel sich nicht in die Nähe von Eli. Aber Eli sucht ihn auf. Er fragt: „Was hat Gott dir gesagt, Samuel? Du darfst es mir nicht verheimlichen."

Da erzählt Samuel die schlechte Nachricht. Daß Gott findet, daß Elis Söhne keine guten Tempeldiener sind. Eli nickt. Eine Träne rollt über seine Wange. „Gott ist Gott", sagt er. „Wenn Gott sagt, daß meine Söhne keine Tempeldiener sein dürfen, dann ist das so."

Am selben Tag schickt Eli die Jungen fort. Samuel wird der neue Tempeldiener. Er empfängt die Besucher und zeigt ihnen den Weg. Wenn jemand etwas nicht versteht, erklärt er es. Und das macht er so gut, daß die Leute sagen: „Ach, so ist das also."

Immer wenn sie eine Frage haben, gehen sie zu Samuel. Und der weiß immer eine Antwort.

Es wird immer voller im Tempel. Die Menschen sagen zueinander: „Du mußt zum Tempel gehen. Denn seit Samuel Tempeldiener ist, ist es fast so, als ob Gott selbst dort wohnt."

Gottes Volk wider Willen

Erläuterung zu „Einen König zu haben, das ist schick"

Anders zu sein ist nicht immer lustig. Kinder, die anders sind als andere, werden geärgert. Erwachsene werden manchmal ausgeschlossen oder benachteiligt, weil sie anders sind. Die Menschen wollen deshalb lieber genau wie alle anderen sein.

Die Bibelgeschichten handeln davon, daß es ein Volk gibt, das deshalb ein besonderes ist, weil es durch Gott befreit wurde. Den Menschen dieses Volkes hat Gott gesagt: „Ihr seid mein Volk, und ich bin euer Gott. Ich binde mich an euch. Ich schließe mit euch einen Bund. Ich gehe mit euch, ich werde bei euch sein." Das ist das Besondere. Nun kann man an verschiedenen Dingen feststellen, daß das Volk Israel anders ist. Eines davon ist, daß es keinen gewöhnlichen König gibt. Denn Gott ist König in Israel. Das Volk wird nicht von einem König regiert, sondern von Stammesältesten und Richtern. Samuel ist so ein Richter. Wir haben schon gehört, daß er der erste Prophet des Volkes Israel ist. Jetzt hören wir, daß er der letzte Richter sein wird. Denn das Volk will einen König, genau wie alle anderen Völker.

Samuel bezieht die Frage nach einem König auf sich selbst und fühlt sich angegriffen. Ziemlich logisch. Stelle dir vor, du bist Richter und das Volk sagt: „Wir wollen keinen Richter mehr, wir wollen einen König." Wer würde das nicht persönlich nehmen? Aber Samuel ist es so gewohnt, auf Gott zu hören, daß er ihm dieses Problem in einem Gebet vorträgt. Gott läßt Samuel erkennen, daß das Verlangen nach einem König nicht gegen Samuel, sondern gegen Gott selbst gerichtet ist. Wenn Israel so wie andere Völker sein will, dann sagt es zu Gott eigentlich: „Wir wollen kein besonderes Volk sein. Wir wollen dich nicht als König, wir wollen dich nicht als Gott."

Das Volk bricht den Bund, es verwirft Gott. Jetzt geht es darum: Was macht Gott? Läßt er das Volk gehen? Hört er auf, ihr Gott zu sein? Löst er den Bund auch von seiner Seite? Und sagt er: „Dann sucht euch einen König und seht selbst zu, wie ihr zurechtkommt"?

Im Gegenteil. Gott sagt in dieser Geschichte: „Mit oder ohne König, ihr seid mein Volk. Ich bin euer Gott. Ihr wollt einen König? Dann werde ich einen König für euch ernennen. Aber ihr werdet nicht sein wie andere Völker, denn ich werde mich an diesen König binden. Ihr wendet euch von mir ab, aber ich gehe trotzdem mit euch."

So beginnt die Zeit der Könige.

1. Samuel 8,1-21

Einen König zu haben, das ist schick

Das Volk, das im Gelobten Land wohnt, ist anders als alle anderen Völker. Denn im Gelobten Land gibt es keinen König. Wenn Menschen aus dem Land zwischen den zwei Flüssen oder aus Ägypten zu Besuch kommen, fragen sie: „Wer ist euer König?" Die Menschen aus dem Gelobten Land antworten dann: „Wir haben keinen König, denn Gott ist unser König."
Die Gäste aus dem Ausland nicken höflich. „Wirklich wahr?" sagen sie. „Ganz schön merkwürdig." Und sie fragen: „Ihr habt doch sicher manchmal Streit? Streit darüber, wer auf dem grünsten Gras wohnen darf? Oder Streit, wenn es zuwenig Wasser gibt?"
„Ach das", sagen die Menschen aus dem Gelobten Land, „dafür haben wir einen Richter, Samuel. Der ist der klügste Richter, den man sich nur vorstellen kann. Weil Samuel so ein weiser Richter ist, gibt es nirgendwo Streit in unserem Land. Überall ist Friede."
Hinter ihrem Rücken werden die Menschen aus dem Gelobten Land ausgelacht. Und sobald die ausländischen Gäste in ihr eigenes Land zurückgekehrt sind, erzählen sie jedem: „Diese Leute aus dem Gelobten Land sind vielleicht seltsam. Stell dir vor, sie haben keinen König. Sie sagen: Gott ist unser König!"

Die Menschen im Gelobten Land sind stolz auf sich und aufeinander, weil sie ein so besonderes Volk sind. Aber manchmal zweifeln sie und sagen sich: „Hätten wir nur einen König, so wie die anderen Völker. So ein König auf einem Thron, verziert mit echten Löwenkrallen. Mit einer Krone aus Gold und funkelnden Rubinen. Ein König, der in einem Wagen fährt, der vor lauter Kupfer glänzt. Gezogen von acht Pferden."
Die Menschen träumen immer öfter davon, einen König zu haben. Und daß sie in seinem Palast zu Besuch sein werden. Sie träumen, daß sie sich tief vor ihm verbeugen. Und dann, ganz kurz, sein Gesicht sehen können. Auf den Straßen und Plätzen hört man immer öfter: „Schade, daß wir keinen König haben. Denn einen König zu haben, das ist schick!"

Die Zeit vergeht. Samuel ist ein alter Mann geworden. Eines Tages bekommt er Besuch von ein paar Menschen aus dem Volk. Sie sagen: „Samuel, du bist alt. Gib uns doch einen König. So wie die Menschen in anderen Ländern einen haben."
Am Abend ruft Samuel nach Gott. „Die Menschen sind gegen mich", sagt er. „Sie wollen mich nicht mehr. Sie wollen einen König." Samuel beginnt zu weinen. „Weine nicht", sagt Gott. „Sie sind nicht gegen dich.

1. Samuel 8,1-21

Sie sind gegen mich. Denn sie wissen sehr gut, daß ich ihr König bin. Aber wenn das Volk einen König will, wird es einen König bekommen. Erzähle den Menschen aber vorher, wie lästig Könige sein können."

Am nächsten Tag hält Samuel eine Rede. „Liebe Menschen", ruft er, „ihr habt nach einem König verlangt. Aber paßt doch auf! Könige haben Paläste, die ihr bauen müßt. Sie wollen Möbel, die aus eurem besten Holz gemacht sind. Sie wollen Hofdamen und Dienstmädchen und Soldaten. Und ihr sollt die Hofdamen und Dienstmädchen und Soldaten sein. Und der König wird euch nicht dafür bezahlen!"

So redet Samuel. Aber die Menschen schütteln den Kopf. „Netter Mann, dieser Samuel", sagen sie, „aber sehr altmodisch. Wir wollen einen König!" Und sie drehen sich um und gehen nach Hause.

Als alle weg sind, geht auch Samuel nach Hause. Abends spricht er wieder mit Gott. Gott sagt zu Samuel: „In ein paar Wochen werde ich dir einen Jungen zeigen. Den Jungen mußt du zum König machen."

1. Samuel 9,1 bis 10,9

Eine große Veränderung

Erläuterung zu „Saul sucht seine Esel"

Man stelle sich das einmal vor. Als ob man in einer Fernsehshow als Lieschen Müller in eine Rauchsäule steigt, um als Megastar wieder zum Vorschein zu kommen. Nichtsahnend geht Saul, ein Bauernjunge, auf die Suche nach seinen verlorenen Eseln. Als er zurückkommt, ist er zum König von Israel gesalbt.

In der Geschichte ist Bewegung. Saul macht sich auf den Weg, und er kehrt zurück. Der Wendepunkt und zugleich Höhepunkt seiner Reise liegt bei Samuel. Dort vollzieht sich die Metamorphose, dort wird aus dem Bauernsohn ein Königskind.

In dieser Geschichte wird deutlich, daß Gott sich nicht nur an den König von Israel binden will, sondern sich auch persönlich mit der Auswahl des Königs befaßt. Gott gibt Samuel zu verstehen, daß es Saul sein muß.

Die Esel kommen in dieser Geschichte nicht zufällig vor. Sie können nicht ohne weiteres durch andere Tiere, beispielsweise Ziegen, ersetzt werden. Der Esel hat eine Bedeutung. Ein „echter" König hat nämlich Pferde. Aber ein König, der mit Gott verbunden ist, braucht keine Pferde und Kampfwagen. Oberhäupter nach Gottes Herzen bevorzugen Esel. Es paßt auch zu dem von Gott ausgewählten König, daß er zum Stamme Benjamin gehört, dem jüngsten Stamm aus einem kleinen Gebiet.

Als Samuel und Saul gemeinsam eine Mahlzeit einnehmen, ist das nicht einfach ein gemütliches Essen. Die Art und Weise, in der diese Mahlzeit beschrieben wird, erinnert an das Ritual der Priesterweihe. Ein Priester ist ein Diener Gottes. Mit anderen Worten: Saul wird als König auch ein Diener Gottes sein müssen. Dazu wird er gesalbt und gesegnet.

1. Samuel 9,1 bis 10,9

Saul sucht seine Esel

Auf dem Feld stehen drei Esel. Böckchen, Braunohr und Hufchen. Es sind die schönsten Esel, die man sich nur vorstellen kann. Sie stehen hinter einem Bretterzaun. So können sie ihrem Herrn nicht davonlaufen.
Die Bretter des Zauns fangen an einigen Stellen an, sich zu lockern. Zwei Knechte sind dabei, sie mit kräftigem Schilf wieder festzubinden. „Traust du dich, drüberzuspringen?" fragt der ältere Knecht den jüngeren. „Natürlich traue ich mich", sagt der jüngere Knecht.
Er nimmt einen ordentlichen Anlauf und springt über die Querstange des Zauns. Fast ist er drüber. Dann bleibt sein Fuß an der Stange hängen. Er fällt flach mit dem Bauch auf den Boden. Der älteste Knecht erschrickt. Er öffnet das Tor und rennt zu seinem Freund. „Du bist aufs Gesicht gefallen", sagt er erschrocken. Er zieht ihn an der Hand mit zum Brunnen.
Saul, der Sohn ihres Herrn, füllt am Brunnen gerade die Wasserflaschen. Der Knecht wäscht sich das Gesicht. Zum Glück ist nichts Schlimmes passiert. Nur eine große Beule auf der Stirn. Die Knechte helfen Saul beim Füllen der Wasserflaschen. Zusammen gehen sie zurück zu den Eseln. Von weitem sehen sie es schon: Das Zauntor ist offen! Und die Esel...! Wo sind die Esel?
„Warum ist das Tor nicht zu?" schreit Saul wütend.

Die Knechte wagen kaum, es zu sagen. Bis der ältere zugibt: „Als er hinfiel, habe ich es vergessen."
Saul rennt nach Hause. Er ruft: „Vater, Vater, die Esel sind weg!" Sein Vater erschrickt. Er wird böse, als er hört, daß die Knechte das Tor offenstehen ließen. „Drei Esel weg!" ruft er. „Und was für Esel! Niemand hat solche Esel. Packt eure Sachen und geht sie suchen!"

Saul macht sich auf, um die Esel zu suchen. Zusammen mit dem Knecht mit der Beule am Kopf. Sie gehen hügelauf und hügelab. Aber nirgends ist eine Spur der Esel zu finden. Drei Tage sind sie schon auf der Suche. Die Beule des Knechtes ist schon fast weg. An einem schmalen Ziegenpfad entlang erklimmen sie einen Berg. Hier kann man ganz weit über das Land sehen. „Siehst du etwas?" fragt Saul den Knecht.
„Nein, nichts."
„Ich auch nicht", sagt Saul.
Sie gehen den Berg wieder hinunter. Zum nächsten Hügel. Saul starrt in die Ferne. „Nichts zu sehen. Wirklich nichts zu sehen", sagt er. „Wir sind jetzt schon drei Tage unterwegs. Ich glaube, mein Vater wird sich inzwischen Sorgen um *uns* machen. Und nicht mehr um die Esel."
Der Knecht denkt kurz nach. „Weißt du", sagt er, „in dieser Gegend wohnt Samuel. Das ist jemand, der viel mit Gott redet. Die Leute sagen, daß er Dinge sieht, die wir

1. Samuel 9,1 bis 10,9

nicht sehen. Vielleicht kann er uns sagen, wo die Esel sind?" „Gute Idee", sagt Saul, „aber dann gehen wir nach Hause."

Ein Stück weiter in den Bergen, nicht weit von dort, wo Saul und der Knecht gerade sind, ist Samuels Haus. Er sitzt in seinem Innenhof, als er Gott rufen hört.

„Ja Gott, hier bin ich!" antwortet Samuel. „Samuel", sagt Gott, „gleich kommt ein junger Mann an deine Tür, mit seinem Knecht. Es ist Saul. Er wird der König werden, nach dem das Volk verlangt hat. Bereite schon das Duftöl vor. Ich will, daß du es über seinen Kopf gießt. Denn so macht man das mit Königen."

Kurze Zeit später wird an Samuels Tür geklopft. „Das ist er", flüstert Gott. „Sage ihm nur zuerst, daß seine Esel gefunden wurden."

Sobald Samuel den jungen Saul sieht, sagt er: „Nach deinen Eseln brauchst du nicht länger zu suchen. Die sind wieder da."

„Die Esel sind wieder da?" fragt Saul erstaunt. Samuel nickt. Saul ist mächtig erleichtert!

Samuel lädt Saul zum Essen ein. Das nimmt er gerne an. Saul ißt ganze drei Teller leer. Dann sagt Samuel: „Saul, du wirst der König des Gelobten Landes werden."

„Ich ein König?" sagt Saul. „Aber ich bin ein gewöhnlicher Bauer. Ich war auf der Suche nach meinen Eseln. Ich bin zufällig hier."

„Gar nicht zufällig", sagt Samuel. „Es ist Gott, der dich hierher geschickt hat."

Saul schüttelt seinen Kopf. Ob er wohl träumt? Aber er träumt gar nicht. Am nächsten Morgen steht Saul früh auf. Auch Samuel steht auf. „Vor deiner Abreise werde ich Öl über deinen Kopf gießen", sagt er. „Und du weißt, was das bedeutet. Es bedeutet, daß du König wirst."

Samuel leert einen Krug mit herrlich duftendem Öl über Sauls Kopf. „Gott wird dir helfen", sagt er zu Saul.

Dann nehmen sie Abschied. Saul und sein Knecht reisen zurück nach Hause. Saul fühlt sich ein bißchen komisch. Er denkt die ganze Zeit: Jetzt bin ich ein König, es ist wie ein Witz. Aber es ist kein Witz. „Ich ein König!" sagt er laut. „Was werden sie zu Hause wohl sagen?"

Wie es geht, und wie es nicht geht

Erläuterung zu „Ein König, der stiehlt" und „Wer wird der neue König?"

Saul hat sich verändert. Gott hatte für das Königtum einen Eselsbauern gefunden, aber Saul ist ein Pferdekönig geworden.

Saul war gesalbt zu einem König, der auch der Diener Gottes sein sollte. Aber er hört nicht auf Gott. Er tut, was ihm gerade paßt und was das Volk haben will. Das macht ihn ungeeignet als König von Gottes Volk. Das wird deutlich in Kapitel 15 des Bibelbuches 1. Samuel, wovon die Kindergeschichte „Ein König, der stiehlt" eine freie Bearbeitung ist.

Saul zeigt, wie es nicht geht. Es ist wie bei einem Gemälde: Durch den Schatten wird das Licht sichtbar. Im Schatten von Sauls Königtum wächst ein anderer König heran. Ein König, der Gott gefällt: David, der König von Israel.
Aber soweit ist es noch nicht. David muß erst gefunden und von Samuel zum König gesalbt werden. Wiederum wird der Kleinste, der Unwahrscheinlichste, durch Gott selbst ausgesucht.

Auch in dieser Geschichte ist die tägliche Arbeit des zukünftigen Königs von Bedeutung. Von ihr wird er weggerufen, und das sagt etwas aus über das, was als König von ihm verlangt werden wird. David ist Hirte.
Die Charakterisierung eines Hirten zu dieser Zeit würde ungefähr so aussehen: Ein Hirte ist jemand, der gut allein sein kann, der für sich selbst sorgen kann, der wilde Tiere verjagen oder töten kann, der den besten Weg für die Herde kennt, der bei der Geburt der Lämmchen helfen und kranke Tiere pflegen kann.
Der König, der Gott gefällt, vereinigt in sich diese Eigenschaften: die Kraft zu kämpfen gegen Unrecht und Gefahr; den Mut und die Überzeugung, den richtigen Weg zu zeigen und zu gehen. Die Nachsicht und Empfindsamkeit, die nötig sind, um für die Schwachen zu sorgen. So ein König ist wie ein guter Hirte.

1. Samuel 15

Ein König, der stiehlt

König Saul sitzt in seinem Palast. Es ist doch richtig angenehm, König zu sein, denkt er. Er nimmt eine Dattel aus der silbernen Schale, die neben ihm steht. Er kaut und spuckt etwas auf den Boden. Der Palastdiener eilt herbei und wirft den Kern in den Abfalleimer.

Einer der Generäle des Königs kommt herein. Er verbeugt sich vor dem Thron. „Hoheit, Hoheit", sagt er, „in den Bergen, nahe der Grenze zum Lande Moab, wurde eine Rinderherde gesehen. Ohne Hirten!"

Der König springt auf. „Spann die Pferde an", befiehlt er. „Wir reiten gleich hin." König Saul geht zu den königlichen Ställen. Vorne stehen Böckchen, Braunohr und Hufchen. Es sind die drei Esel von damals. Mit lautem „I-A" springen sie auf ihn zu. Als wollten sie sagen: „Komm, reite doch mal auf uns."

Aber König Saul geht vorbei. Zu den Stallungen der arabischen Pferde. Als alle Wagen angespannt sind, reist König Saul mit seinen Männern ab. Patsch, läßt er die Peitsche knallen. Die Pferde jagen über den Weg. Bis sie in die Gegend von Moab kommen. Saul gibt den Befehl zum Anhalten. „Geht hier in die Berge", sagt er seinen Männern, „und sucht die Herde."

Die Männer von König Saul klettern hinauf. Am Ende des Tages kommen sie zurück. Vor ihnen geht eine große Rinderherde. „Nehmt sie!" ruft der König. „Ehrlich gefunden."

„Aber König", sagt einer seiner Männer, „das ist nicht..."

„Hast du etwas daran auszusetzen?" fragt König Saul drohend.

Der Mann schweigt. Er schüttelt den Kopf. Er traut sich nicht mehr zu sagen, daß es nicht ehrlich ist. Daß Rinder, die im Gebirge herumlaufen, jemandem gehören. Jemandem, der sie jetzt bestimmt schon sucht.

Saul läßt die Herde zur Stadt führen. Dort wird ein großes Festmahl gehalten. Mit vielen Fleischspießen und Rindfleischpasteten. Vier Kühe behält Saul übrig. Die sind für Gott. Aber Gott ist böse. Er will keine Geschenke, die gestohlen sind.

An dem Abend ruft Gott nach Samuel und sagt: „Saul ist kein guter König mehr. Erst stiehlt er anderer Leute Kühe. Und dann gibt er mir auch noch vier davon als Geschenk. Gehe zu Saul und sage ihm, daß ich seine Geschenke nicht will. Sage ihm, daß es mir leid tut, daß ich ihn zum König gemacht habe. Sage Saul, daß ich einen anderen König ernennen werde für dieses Land."

Am Ende des Tages geht Samuel zu König Saul und erzählt ihm die schlechte Nachricht. „Ist das wirklich wahr?" fragt König Saul. „Ist da nichts mehr zu machen?"

„Nein, es ist nichts mehr dagegen zu machen", sagt Samuel. „Jemand anders wird König werden."

König Saul setzt sich auf den Boden. Er hält sich die Hände vors Gesicht. Heute ist ein sehr trauriger Tag.

1. Samuel 15

1. Samuel 16,1-13

Wer wird der neue König?

Samuel sitzt hinter dem Tempel. Genau an der Stelle, wo die Sonne scheint. Im Sommer ist es dort viel zu heiß. Aber im Winter ist es ein guter Platz, um sich zu wärmen. Samuel schläft fast ein. Plötzlich hört er Gottes Stimme: „Samuel, wachbleiben!" Samuels Kopf schnellt hoch. Gott sagt: „Heute bestimme ich den neuen König. Gehe zur Stadt Bethlehem. Dort wohnt die Familie Isai. Bei ihnen wirst du den neuen König finden."
Samuel steht auf. Vom obersten Regal nimmt er einen Krug mit Öl. Er nimmt den Korken ab und schnuppert kurz. „Veilchen und Rosen", murmelt er. „Sehr gutes Öl."
Samuel korkt den Krug wieder zu und geht nach draußen. „Komm, Langohr", sagt er zum Esel, „heute gehen wir nach Bethlehem."
Samuel klettert auf den Eselsrücken. Im Schrittempo geht es voran. Denn Samuel ist alt und sein Esel auch. Am Ende des Tages sieht er in der Ferne das Städtchen, in das er reiten muß.

Die Kinder von Bethlehem spielen am Stadttor. In der Ferne sehen sie einen Mann auf einem Esel. Sie rennen zu ihm und fragen: „Wer bist du?"
Der Mann erzählt, daß er Samuel heißt. „Wo willst du hin?" wollen sie jetzt wissen. „Zur Familie Isai", antwortet Samuel.
„Zur Familie Isai!" rufen die Kinder. „Die kennen wir. Du brauchst uns nur zu folgen."
Die Kinder laufen vor Samuel her. Vor einem Haus bleiben sie stehen. „Hier ist es", zeigen sie. Samuel steigt von seinem Esel und geht ins Haus. Vater und Mutter Isai verbeugen sich vor ihm. Solch wichtigen Besuch bekommen sie nicht alle Tage. „Wir werden dir etwas zu essen machen", sagt Mutter Isai. „Sicher bist du müde von der Reise."
Schnell wird das Essen zubereitet. Sie gehen zu Tisch. Ein sehr langer Tisch. Denn Vater und Mutter Isai haben viele Kinder. Samuel sieht sich neugierig um. Welches der Kinder wird der neue König werden? Der älteste Sohn ist so groß, daß er sich bücken muß, als er durch die Tür geht. Samuel flüstert Gott zu: „Der ist es sicher?"
„Nein", sagt Gott, „der ist es nicht."
Samuel sieht auf den zweiten Jungen. Wie gescheit er ausschaut! „Der ist es natürlich", flüstert Samuel Gott zu.
„Nein, der ist es auch nicht."
Der dritte Junge redet viel. Er sagt auch kluge Dinge. „Du meinst den natürlich", flüstert Samuel noch einmal.
„Nein, der ist es auch nicht", sagt Gott wieder.
So geht es mit allen sieben Jungen. Jedes Mal, wenn Samuel fragt, ob es dieser eine ist, sagt Gott nein.
Jetzt gibt es keine Jungen mehr. Darum fragt Samuel Mutter Isai: „Habt ihr noch mehr Jungen?"
„Noch einen", sagt sie. „David. Er ist noch

136

1. Samuel 16,1-13

1. Samuel 16,1-13

auf dem Feld bei den Schafen. Er ist mein Jüngster, aber so, wie er für die Schafe sorgt – so kann es niemand."

Auf einmal geht die Tür auf. „Das ist also David", sagt die Mutter.

An der Tür steht ein kleiner Junge mit roten Haaren. „Der ist es", flüstert Gott.

Samuel nimmt seinen Krug und geht zu David. Langsam gießt er das Öl über seinen Kopf. „Du wirst später einmal König werden", sagt Samuel.

Nach dem Essen geht David wieder zurück aufs Feld, um auf die Schafe aufzupassen. Später wird er König werden. Jetzt ist er noch ganz einfach der jüngste Hirtenjunge von Mutter Isai.

1. Samuel 16,14-23; 18,1-16; 19,1-9 und 24,1-23

Haß und Liebe

Erläuterung zu „Saul ist neidisch" und „David und Saul"

Menschliche Beziehungen sind manchmal so kompliziert, daß sie wie Beziehungen erscheinen, die von Haßliebe geprägt sind. In der Beziehung zwischen Saul und David spielen allerlei gegensätzliche Gefühle eine Rolle: Neid, Zuneigung, Stolz, Abhängigkeit, Schuldgefühle, Respekt, Angst, Haß, aber auch Liebe.

In den zwei folgenden Geschichten steht die Konfrontation zwischen David und Saul im Mittelpunkt. Ihre beiden Leben sind miteinander verstrickt. Saul und David sind Kampfgefährten, gemeinsam haben sie dem Feind gegenüber gestanden. Saul ist der Vater von Davids Herzensfreund, Jonatan. Und David ist mit Sauls Tochter Michal verheiratet. Aber Saul ist der König, der versagt hat, und David ist der Gesalbte, der Erfolg haben wird.

Saul hat sich die Zuneigung des Volkes „erkaufen" müssen und hat dafür einen hohen Preis gezahlt. Als er dem Willen des Volkes folgt, statt Gottes Willen zu tun, verliert er sein Recht auf das Königtum. David dagegen wird ohne weiteres vom ganzen Volk geliebt, er wird auf Händen getragen und besungen.
Vor allem letzteres macht Saul verbittert. Er wird immer schwermütiger. Böse Gedanken ergreifen Besitz von ihm. Sein Haß wird so groß, daß David fliehen muß. Das liefert einige spannende Verfolgungsgeschichten.
Die Bibel macht es unmöglich, aus diesen Geschichten Schwarzweißmalereien zu machen, mit Saul in der Rolle des bösen Schurken und David als rechtschaffenen Helden. Menschen sind nie einfach nur Monster. Trotz seines Hasses hat Saul große Momente. Zum Beispiel, als er erkennt, daß es David gebührt, der neue König zu werden. Voller Trauer und Liebe nennt er ihn „mein Sohn" und spricht ihm das Vertrauen aus.

David ist auch nur ein Mensch aus Fleisch und Blut. Und auch dieser große König hat Fehler gemacht. Die jüdische Tradition sagt, daß er, im Gegensatz zu Saul, seine Fehler erkannte und zur Einkehr kam. Darum wurde ihm das Königtum nicht entzogen. David erlebt einen seiner beeindruckendsten Augenblicke, als er die Chance erhält, seinen Verfolger Saul zu töten, sich aber weigert, das zu tun. Er hat Respekt vor dem Mann, der zum König gesalbt wurde, und spricht mit Liebe zu ihm: „Mein Vater, siehe, ich hätte dich töten können, aber ich habe es nicht getan. Glaubst du jetzt, daß du mir vertrauen kannst?" Der Zipfel von Sauls Gewand, den David zeigt, ist mehr als ein Beweisstück. Der Zipfel steht für den ganzen Mantel Sauls, und damit für seine königliche Würde. Das Abschneiden bestätigt, daß das Königtum Saul weggenommen wird. Es ist schon in den Händen Davids.

1. Samuel 16,14-23; 18,1-16 und 19,1-9

Saul ist neidisch

König Saul hat Streit mit Gott. Er redet nicht mehr mit Gott. Und Gott redet nicht mehr mit Saul. König Saul fühlt sich einsam. „Laßt uns jemanden bitten, Musik zu machen", sagt der Palastdiener. „Ich kenne einen Hirtenjungen, der sehr schön auf der Harfe spielen kann, David. Wenn er spielt, kommst du bestimmt auf andere Gedanken."
„Laß den Harfenspieler kommen", gebietet König Saul.
David sitzt dem König zu Füßen. Er zupft die Saiten seiner Harfe, um die schlimmen Gedanken aus Sauls Kopf zu verjagen. Aber Sauls schlimme Gedanken lassen sich nicht verjagen. Die Menschen im Palastsaal, die die Musik hören, sagen: „Wie dieser David die Harfe spielt! So schön spielen nur Menschen, die Gott sehr lieb hat." König Saul hat das Geflüster natürlich gehört. Gott hat David sehr lieb, denkt er böse. Und Gott macht sich nichts mehr aus mir. Obwohl ich hier der König bin. König Saul ist so neidisch auf David, daß er den General seiner Armee kommen läßt. „General", sagt er grimmig, „es gibt da einen Jungen, David heißt er. Sorge dafür, daß er Soldat wird. Schicke ihn in den gefährlichsten Krieg, den wir haben. Wenn die Gefechte besonders schlimm sind, dann schicke ihn nach vorne. An die Stelle, wo am heftigsten gekämpft wird."
Und der König denkt: Bald wird David sicher im Krieg sterben. Das kann gar nicht anders sein.

Der General macht, was der König gesagt hat. Er schickt David in den gefährlichsten Krieg, den es gibt. Aber immer, wenn David vor den Soldaten des Feindes steht, passiert etwas Seltsames: Sobald sie David sehen, rennen sie weg.
Jeder hört von dem tapferen Soldaten David. Eines Tages kehrt er aus dem Krieg zurück. Die Menschen kommen aus ihren Häusern und tanzen auf den Straßen. Sie jubeln und singen, bis sie heiser sind. König Saul sitzt in seinem Palast. „Was ist das für ein Krach da draußen!" schimpft er.
Er geht zum Fenster. Die Menschen tanzen und singen auf dem Platz. Aber was singen sie da? Saul öffnet das Fenster. Die Menschen singen:

König Saul hat den Feind geplagt.
O ja, o ja, o ja.
Aber David hat ihn weggejagt!
Hurra, hurra, hurra!

Sofort wirft Saul das Fenster wieder zu. Er tobt und stampft mit den Füßen. Er läßt seinen Palastdiener kommen und sagt: „Sag' allen Soldaten, daß sie David festnehmen müssen. Meine Geduld ist zu Ende. Diesmal werde ich ihn selbst töten."

Weiter hinten im Palast wohnt Jonatan. Er ist ein Sohn von König Saul.
Er hat gehört, was sein Vater zu den Soldaten gesagt hat. David gefangennehmen...?

140

1. Samuel 16,14-23; 18,1-16 und 19,1-9

1. Samuel 16,14-23; 18,1-16 und 19,1-9

denkt Jonatan. Das darf nicht sein. David ist mein bester Freund! Er nimmt seinen Mantel und rennt aus dem Palast. Zum Haus von David. „David", ruft Jonatan, „du mußt fliehen. Jetzt gleich. Mein Vater ist hinter dir her. Er will dich ins Gefängnis werfen und töten."

David packt eilig seine Sachen. Er springt auf seinen Esel. Ein paar Männer, die zu David gehören, kommen mit. „Hü, hott!" schreit David. Er gibt seinem Esel kräftig die Sporen. „Traben, Kleiner, traben!"

Sie eilen aus der Stadt und laufen, bis sie hoch oben im Gebirge ankommen. Weit weg von Saul. „Laßt uns anhalten!" sagt David. „Hier bleiben wir. Hier wird König Saul uns nicht so schnell finden."

David und Saul

Hoch in den Bergen, wo alles kahl ist und nichts wächst, liegen die Höhlen der braunen Bären. Eine dieser Höhlen ist leer. Der Eingang zur Höhle ist so schmal, daß die großen dicken Bären nicht hindurch passen. Aber für Menschen ist die Öffnung breit genug. Jedenfalls, wenn sie keinen allzu dicken Bauch haben.
David und seine Männer haben keine dicken Bäuche. Also wohnen sie in dieser Höhle. Inmitten der braunen Bären und der grauen Wölfe. Von außen sieht die Höhle klein aus. Kaum groß genug zum Kriechen, sollte man meinen. Aber wenn man durch die Öffnung kriecht, sieht man, daß die Höhle innen sehr groß ist. Genauso groß wie der Palastsaal von König Saul. Nur die Wände sind nicht sehr gerade. Sie sind voller Hubbel und Knubbel. Und überall gibt es große Löcher, mit Spinnweben davor. Tagsüber sind David und seine Männer auf der Jagd nach Kaninchen oder Hasen. Oder sie suchen Beeren im Tal. Abends machen sie ein Feuer in der Höhle. Das hält die Schlangen und die Wölfe fern. Wenn sie am Feuer sitzen, erzählen sie sich Geschichten. Oder sie singen von Zuhause. Von ihren Müttern und Freundinnen. Draußen vor der Höhle hält ein Mann Wache. Er hält Ausschau, ob König Saul und seine Männer vielleicht kommen.

Es ist fast mitten am Tag. Überall ist es still. Die Luft bebt. Das kommt von der Hitze. David und seine Männer sind in den Bergen. Nur der Wächter ist bei der Höhle zurückgeblieben. Er geht hin und her. Immer wieder sieht er ins Tal. Sieht er da etwas? Diese kleinen Punkte in der Ferne? Er wartet und starrt. Die Punkte bewegen sich und kommen näher. Die Punkte...das sind... Soldaten! Der Wachposten erschrickt. Er legt die Hände um den Mund. Dreimal ahmt er den Schrei der Eule nach. „Uhu... uhu... uhu."

Dreimal der Schrei der Eule bedeutet: Kommt nach Hause. Das haben sie verabredet. David und seine Männer lauschen. Ist das der Schrei der Eule? Sie zählen mit. „Eins...zwei...drei..." Dann Stille. „Drei Mal!" flüstern sie. Das bedeutet Gefahr. Das bedeutet „kommt nach Hause." Sie kriechen dicht über den Boden. Zurück zur Höhle. Dort verstecken sie sich hinter den Hubbeln und Knubbeln in der Wand. Aus der Ferne hören sie ein Geräusch. Es sind Steine, die den Berg hinunterrollen, weil Menschen dort unterwegs sind. David und seine Männer rühren sich nicht. Sie haben Angst. Die Pferde und die Männer von König Saul kommen näher. „Halt!" hören sie Sauls Stimme. „Ich muß ganz dringend zur Toilette. Ich gehe mal eben in diese Höhle."
Davids Männer hören ein scheuerndes Geräusch. Es ist der Bauch von König Saul. Er paßt gerade eben durch die Öffnung der Höhle. „Es ist König Saul", flüstert ein Mann

1. Samuel 24,1-23

in Davids Ohr. „Das ist deine Chance. Jetzt kannst du ihn töten."

David schüttelt den Kopf. „Nein", sagt er, „nicht töten."

Er schleicht zu dem Platz, wo König Saul in der Hocke sitzt. David nimmt sein Messer und schneidet einen Zipfel von Sauls Königsgewand ab. König Saul merkt nichts. Er steht auf und kriecht wieder hinaus. Er klettert auf sein Pferd. Aber gerade, bevor er wegreiten will, kommt David aus der Höhle gesprungen. „Warte, König Saul, warte!"

Der König dreht sich um. David sagt: „Ich stand hinter dir mit meinem Messer. Sieh mal!" David zeigt sein Messer. Er hält auch das Stück vom Mantel hoch. „Ich habe sogar den Zipfel deines Mantels abgeschnitten. So nahe war ich hinter dir."

König Saul springt von seinem Pferd. Er geht zu David. „Du bist ein guter Mensch, David", sagt er. „Und ich wollte dich töten. Aber du, du willst mich überhaupt nicht töten. Auch nicht, wenn du die Chance dazu bekommst."

Der König neigt seinen Kopf. Er sagt: „David, du bist viel besser als ich."

Eine Träne kullert über Sauls Gesicht. „Ich weiß, daß du später einmal König sein wirst", sagt Saul zu David. „Du wirst ein guter König sein."

Dann kehrt Saul um. Er steigt auf sein Pferd und reitet davon.

1. Samuel 24,1-23

2. Samuel 6,1-23

Ein Lied der Sehnsucht

Erläuterung zu „Jerusalem, eine Friedens-Stadt"

König David macht einen taktischen Schachzug, als er Jerusalem, auf dem Berg Zion, zur Hauptstadt erwählt. Er verhindert damit, daß zwischen den Stämmen ein Streit darüber ausbricht, welcher Stamm die Hauptstadt stellen darf. Jerusalem hat noch nie einem Stamm gehört und ist somit neutraler Boden. Außerdem liegt die Stadt auf einem hohen Berg, ist von drei Seiten unzugänglich und also leicht zu verteidigen.

Wichtiger als diese taktischen Vorteile ist die Tatsache, daß Jerusalem der Ort ist, den Gott als Wohnort ausgewählt hat. Gott ist mit dem Volk Israel aus Ägypten durch die Wüste ins Gelobte Land gezogen. Dort bekam das Volk einen Platz, um mit Gott und den Menschen gut zusammenzuleben. Nun wird Jerusalem der Ort, von dem gesagt wird, daß Gott dort wohnen kann. Das bedeutet nicht, daß Gott nur dort zu finden ist. Es bedeutet, daß Jerusalem der Ort ist, um Gott zu danken und große Feste zu feiern.

Der Name Jerusalem bedeutet „Stadt des Friedens". Und durch die Jahrhunderte wird Jerusalem immer mehr zum Symbol für eine Stadt des Friedens und der Gerechtigkeit, wo alle Völker hinkommen werden, um Gott nahe zu sein. Ein Teil dieser Vision scheint wahr geworden zu sein. Jerusalem ist die heilige Stadt der Juden, Christen und Moslems, und aus der ganzen Welt kommen Menschen nach Jerusalem. Aber an Frieden und Gerechtigkeit muß auch heutzutage noch hart gearbeitet werden. Vorläufig bleibt dieser Traum vom Frieden ein Lied der Sehnsucht. Über Jerusalem wurden immer wieder viele Lieder geschrieben.

David wird, außer als hervorragender König, auch als großer Lieddichter angesehen. Daher das Lied für Jerusalem, mit dem die Kindergeschichte endet. In der Bibel stehen hundertfünfzig Lieder, die Psalmen genannt werden. Viele davon werden David zugeschrieben. Er wird auch „der liebliche Sänger Israels" genannt.

Ein jüdischer Lehrer sagt über die Psalmen, daß man gut daran tut, einen aufzusagen, der die Stimmung des Augenblicks vertieft. Wenn man traurig ist, oder wenn man sich glücklich fühlt. „Und", sagt er, „betrachte sie nie als ein Protokoll dessen, was König David vor tausend Jahren gesagt hat. Sage sie auf, als ob David sie nur für dich geschrieben hätte."

2. Samuel 6,1-23

Jerusalem, eine Friedens-Stadt

Nach Saul wird David König des Gelobten Landes. Eines Tages ruft David den General seiner Armee. „Sattele die Pferde", befiehlt er. „Heute gehen wir auf die Suche nach einer Hauptstadt."

„Eine Hauptstadt, Majestät?" fragt der General. „Wie ist das gemeint, auf die Suche nach einer Hauptstadt? Haben wir denn eine Hauptstadt verloren?"

„Nein, Dummkopf, wir haben keine Hauptstadt verloren. Es ist viel schlimmer, wir haben nicht mal eine Hauptstadt! Jedes Land hat doch eine Hauptstadt", erklärt König David dem General. „Eine Stadt, von der die Menschen sagen: ‚Wir fahren mal einen Tag in die Hauptstadt.' Und wenn sie dann in der Hauptstadt gewesen sind, sagen sie jedem: ‚Wir waren gerade in der Hauptstadt. Es war ein herrlicher Tag!'"

Der General nickt. Jetzt versteht er es. Er sattelt die Pferde, und sie machen sich auf den Weg. Sie traben durch das Land. Ab und zu hält der General sein Pferd an. Dann zeigt er auf ein Städtchen, das in der Ferne liegt. Aber der König schüttelt immer wieder den Kopf. „Nein, nein", sagt er dann, „diese Stadt ist zu klein. Es muß auch ein Tempel gebaut werden und ein Palast."

Sie reiten weiter. Bis der General sein Pferd wieder anhält und in die Ferne zeigt. „Nein, das Städtchen auch nicht", sagt David. „Zu wenig Wasserbrunnen. Wir brauchen viel Wasser. Nicht nur für die Menschen, die da wohnen, sondern auch für alle Gäste, die in die Hauptstadt kommen werden."

Wieder reiten sie weiter. Bis sie an das Meer kommen. Der General zeigt auf eine große Stadt mit einem Hafen. Der König schüttelt den Kopf. „Auf dem Meer sind Piraten", sagt er. „Sie werden die Stadt überfallen, alles rauben und dann wegfahren."

David und sein General wenden ihre Pferde und reiten wieder zurück zum Hügelland. Und da, hoch auf einem Berg, liegt eine kleine Stadt. Von weitem sieht man die Dächer in der Sonne glänzen. König David hört die Vögel zwitschern. Der Wind singt friedlich durch das Tal. „Halte hier an", sagt der König. „Wie heißt diese Stadt?"

„Das ist Jerusalem", antwortet der General. „Sie ist wunderschön", seufzt David. „Schau mal, wie hoch sie auf dem Felsen gebaut ist. Wirklich ein Ort für Gott. Und auch für einen König."

Seine Augen bekommen einfach nicht genug davon. „General", sagt er schließlich, „das wird unsere neue Hauptstadt."

David läßt alles einpacken, was er hat. Er zieht um nach Jerusalem. Eines Abends geht er auf der Stadtmauer spazieren. „Was für eine schöne Stadt Jerusalem ist", sagt er. „Überall singen Vögel. Nirgends hört man Streit oder Krach. Das kommt durch Jerusalem. Jerusalem ist eine wirkliche Friedens-Stadt. Eine Stadt, zu der die Menschen hingehen, um miteinander Feste zu feiern."

147

2. Samuel 6,1-23

Als David von seinem Spaziergang auf der Mauer zurückkommt, dichtet er ein Lied. Ein Lied nur für Jerusalem. Es geht so:

Jerusalem,
mein liebster Ort.
Vierzig Vögel singen dort,
singen unerhörte Dinge;
nie mehr Hunger,
nie mehr Pein.
So wird mein Jerusalem sein.

Jerusalem,
o Friedens-Stadt!
Hundert Träume, die jeder hat.

2. Samuel 6,1-23

1. Könige 1,1-49; 3,1-15 und 10,1-13

Auf der Suche nach Weisheit

Erläuterung zu „Ein Geschenk von Gott für Salomo" und „Die Königin kommt zu Besuch"

„Wenn ich mir etwas wünschen dürfte, dann wünschte ich mir...?" Aus Märchen lernen wir, wie schwierig es ist, sich etwas Gutes zu wünschen. Jedes Verlangen geht schlecht aus, bis der Wünschende gelernt hat, zufrieden zu sein mit dem, was er hat.

Die Geschichten über König Salomo, Sohn und Nachfolger Davids, haben märchenhafte Züge. Dennoch ist die Lektion in der Bibel anders als in anderen Wunschgeschichten. Darin gilt: Was du dir auch wünscht, es ist immer falsch, finde dich lieber mit der Situation ab. In der Bibel macht es durchaus einen Unterschied, was ein Mensch für sich selbst und was er für andere wünscht und auch, was Salomo für sich und für das Volk wünscht.

Salomos Wunsch ist gut in den Augen Gottes. Er setzt ein aufmerksames Herz und die Fähigkeit, gut und böse unterscheiden zu können, voraus. Der König will wissen, was recht und unrecht ist, um so sein Volk führen zu können, damit die Menschen gut miteinander und mit Gott leben können. Und damit es Gerechtigkeit in seinem Königreich gibt.

Salomos Weisheit ist sprichwörtlich geworden. Schon zu seinen Lebzeiten reicht der Ruhm seiner Weisheit und seines Reichtums weit über die Grenzen Israels. Das bewirkt, daß die Königin von Saba, mit großem Gefolge und beladen mit Geschenken, zu König Salomo zu Besuch kommt. Diese Begegnung wird auf märchenhafte Weise erzählt, wiederum mit einer tieferen Bedeutung. Denn die Bibel berichtet, daß die Königin alles, was sie auf dem Herzen hat, mit Salomo bespricht. Nicht nur die Rätsel aus der Kindergeschichte, sondern alles, was sie belastet, legt sie Salomo vor. Vor allem die Frage, ob die Weisheit Salomos wirklich von Gott kommt. „Es ist also wahr...", erkennt sie schließlich, und sie preist Gott. Um einiges klüger und weiser reist die Königin von Saba in ihr eigenes Land zurück.

Kein Märchen also, diese Geschichte. Aber eine Fortsetzung der Vision von Jerusalem als Friedens-Stadt, wo Menschen aus allen Ländern zusammenkommen, um Gott zu loben. Eine Stadt, in der alle Menschen mit dem Volk Israel teilhaben dürfen an der Weisheit, die von Gott kommt.

1. Könige 1,1-49 und 3,1-15

Ein Geschenk von Gott für Salomo

Als David tot ist, wird sein Sohn, Salomo, König des Gelobten Landes. Salomo ist ein guter Freund Gottes. Und Gott ist ein guter Freund Salomos. Sie unterhalten sich oft. Einmal, als Gott und Salomo wieder miteinander reden, sagt Gott: „Salomo, hör zu. Ich will dir gerne etwas schenken. Erst dachte ich, ich denke mir ein Geschenk für meinen Freund Salomo aus. Aber dann dachte ich, wer weiß, vielleicht hat er selbst einen Wunsch. Erzähl mir, was du am liebsten von mir hättest. Ich werde es dir bestimmt geben."

Salomo weiß nicht gleich, was er haben will. Er sagt: „Ich werde darüber nachdenken. Morgen werde ich die Antwort wissen."

Er läßt seine vier Ratgeber zu sich kommen. Zwei weise Männer und zwei weise Frauen. Salomo erzählt, daß Gott ihn gebeten hat, sich etwas zu wünschen. „Alles, worum ich ihn bitte, wird genau so passieren", erklärt Salomo. „Erzählt mir doch, was soll ich mir wünschen?"

Der erste Ratsherr steht auf. „An deiner Stelle, König Salomo, würde ich mir wünschen, ganz alt zu werden. Zweihundert Jahre oder so."

Der Ratsherr setzt sich wieder. Alle Palastdiener, die dabeistehen, nicken. Denn jeder möchte gerne sehr alt werden. Salomo dankt dem ersten Ratsherrn. Er murmelt: „Ja, sicher, sehr alt werden ist natürlich eine feine Sache." Dann fragt er die Zweite, die Ratsfrau. „Erzähl mir doch, was soll ich mir wünschen?" Die Ratsfrau steht auf und sagt: „Wenn ich du wäre, würde ich mir die stärkste Armee der Welt wünschen. Dann besiegst du damit alle anderen Könige, und du wirst der mächtigste König der Erde."

Die Ratsfrau setzt sich. Jeder nickt und murmelt zustimmend. Denn wer wäre nicht gern der mächtigste König der Erde?

Salomo dankt der Ratsfrau und sagt: „Ja, ja, das wäre schon allerhand, der mächtigste König zu werden."

Dann sagt er zum dritten Ratsherrn: „Erzähl mir doch, was soll ich mir wünschen?"

Der dritte Ratsherr steht auf und sagt: „Ich würde mir tausend Kisten mit Gold wünschen. Mit dem Gold könnte man alles kaufen, was man haben will."

Die Palastdiener nicken. Denn jeder möchte schon gerne alles Gold der Welt haben. Was könnte man dafür nicht alles kaufen? Alles doch schließlich!

Der König dankt dem dritten Ratsherrn. Er nickt nachdenklich. Tausend Kisten Gold, was man dafür alles kaufen könnte. Salomo wird schwindlig, wenn er daran denkt.

Die vierte Ratsfrau ist an der Reihe. „Erzähl mir doch", fragt der König, „was ich mir von meinem Freund Gott wünschen soll."

Die vierte Ratsfrau steht auf. „Wenn ich König wäre, würde ich mir Weisheit wünschen", sagt sie. „Ein weiser König weiß die richtige Antwort auf schwierige Fragen. Ein weiser König weiß, wem das Wasser gehört und wie wir es verteilen müssen. Ein weiser König weiß, wem das Land gehört und wie wir davon leben können. So wird niemand Durst oder Hunger haben. Du wirst unser Richter sein. Und du wirst weise Fragen stellen. Und niemand wird ins Gefängnis kommen, wenn er unschuldig ist."

Die Ratsfrau setzt sich wieder hin. Manche Diener nicken. Sie sagen: „Ja, ein weiser König, das ist das Beste für das Land."

Aber andere Diener sind sich nicht sicher. „Weisheit", sagen sie, „was kann man denn dafür schon kaufen? Noch nicht mal einen Honigkuchen!"

Und der König? Der König dankt der vierten Ratsfrau. Er sagt: „Weisheit..., ja, das ist doch wohl das Allerschönste, was man sich als König wünschen kann."

Am nächsten Tag geht Salomo zu Gott und sagt: „Von allen Geschenken, die mir einfallen, gibt es eines, das ich am liebsten hätte."

„Also sprich", sagt Gott, „und ich werde es dir geben."

„Ich will Weisheit als Geschenk haben", sagt Salomo energisch.

Und Gott sagt zu Salomo: „Ich werde dir geben, was du dir wünscht. Und weil du dir Weisheit gewünscht hast, werde ich dir noch drei Dinge geben, die du nicht verlangt hast: Reichtum, Kraft und ein langes Leben."

Da dankt Salomo seinem Freund Gott.

1. Könige 1,1-49 und 3,1-15

Die Königin kommt zu Besuch

König Salomo sitzt auf seinem Sessel. Heute ist er Richter. Den ganzen Morgen schon knien Menschen vor ihm, um sich Rat zu holen oder um einen Streit beizulegen. „Und du", sagt Salomo streng zum jüngeren von zwei Streithähnen, „du gibst deinem alten Nachbarn drei Ziegen."
Der alte Nachbar verbeugt sich tief und dankbar vor dem König.
„Und du, alter Nachbar..." Der Nachbar schaut hoch. „Du schlachtest eine dieser Ziegen und kochst daraus den allerbesten Ziegeneintopf. Wenn der Eintopf fertig ist, lädst du deinen Nachbarn zu dir zum Essen ein. So könnt ihr feiern, daß euer Streit vorbei ist."
Jetzt verbeugt sich auch der junge Nachbar. Zusammen gehen sie durch die Tür hinaus. Draußen beim Palast stehen die Menschen zusammen. Sie reden über den König. Darüber, wieviele weise Worte er heute wieder gesprochen hat. Jeder im Land ist stolz auf König Salomo. Es ist schon nicht mehr normal, wie sie mit ihm angeben...
„Es gibt keine Frage und kein Rätsel", sagen sie, „für die unser König keine Lösung weiß."
Die Geschichte über den weisen König Salomo verbreitet sich über das ganze Land. Und auch über die Grenze; sogar vorbei an der endlosen Wüste und dem großen Meer bis in das Land von Saba. Dort ist die schöne Königin von Saba an der Macht. Eines Tages hat sie Besuch von einem reichen Kaufmann. Er ist gerade zurück von einer langen Reise zum Gelobten Land. „Ach, erzähl mir doch mal etwas über das Gelobte Land", bittet die Königin. „Ich habe einmal gehört, daß sie dort einen ganz besonderen Gott haben."
„So ist es, Majestät! Ihr Gott hat dem König des Gelobten Landes soviel Weisheit gegeben, daß er auf jede Frage eine Antwort weiß."
„So, so", sagt die Königin von Saba, „diesen König möchte ich dann gerne einmal mit eigenen Augen sehen."
Sie befiehlt ihren Palastdienern, zu packen und die Kamele zu beladen. Bevor sie auf die Reise geht, schickt sie einen Diener voraus. Mit einem Brief. Darin steht:

Lieber König Salomo,

wie geht es Dir?
Ich komme demnächst zu Besuch.
Herzliche Grüße,
die Königin von Saba.

Im Palast von Jerusalem wartet König Salomo ungeduldig auf den hohen Besuch aus Saba. Denn er hat nicht jeden Tag Besuch von einer Königin. Der Tisch ist prachtvoll gedeckt. Es stehen große Schalen darauf, in denen Wasserlilien treiben. In der Ecke des Speisesaales zupfen die besten Harfenspieler des Landes ihre Harfen.

1. Könige 10,1-13

1. Könige 10,1-13

„Die Gäste kommen!" rufen die Palastdiener.

Dann kommt die Königin. In einem Kleid mit mindestens fünfzehn Farben. Sie trägt eine goldene Kette mit Elfenbeinperlen. Und auf dem Kopf eine Krone mit Brillianten und Korallen. Eine sehr schöne Königin, denkt König Salomo. Aber wie vorwitzig ihre Nase aussieht!

Während der Vorspeise reden sie über die lange staubige Reise durch die Wüste. Während des Hauptgerichts sprechen sie darüber, wie gut alles schmeckt. Und beim Nachtisch tratschen sie über den Pharao aus dem Land Ägypten. Als sie danach noch etwas trinken, sagt die Königin von Saba: „Ich habe viel über deine Weisheit gehört." König Salamo nickt höflich.

„Ich habe mir zwei Fragen für dich ausgedacht."

„Frage nur", sagt König Salomo neugierig.

„Zuerst ein Rätsel: Erst geht es auf vier, dann geht es auf zwei und zuletzt geht es auf drei. Ra, ra, was ist das?"

Der König denkt nach. Die Harfenspieler zupfen ganz leise. Die Palastdiener wagen kaum, sich zu bewegen. Ihr König wird die Antwort doch wohl wissen? Dann sagt König Salomo: „Wenn der Mensch klein ist, geht er auf allen vieren. Wenn er groß ist, geht er auf zwei Beinen. Und wenn er alt wird, geht er auf zwei Beinen mit einem Stock."

Jeder lacht. Zum Glück hat der König es erraten.

„Und jetzt kommt die zweite Frage." Die Königin von Saba holt eine Ansichtskarte aus ihrer Tasche. „Kannst du deinen Kopf durch diese Ansichtskarte stecken?"

Der König denkt wieder nach. „Holt eine Schere!" ruft er. Er faltet die Karte doppelt und schneidet ein paar Mal hinein. Dann zieht er sie auf. Jetzt ist aus der Karte ein großer Kreis geworden. Er steckt den Kopf durch den Kreis. „Hurra!" rufen die Palastdiener. „Hurra für den König."

Und auch die Königin von Saba ruft: „Hurra!" Und sie klatscht in die Hände. „Es ist also wahr", sagt sie. „Du bist wirklich ein sehr weiser König!"

Neues Testament

Matthäus und Lukas

Geschichten über die Geburt Jesu

Matthäus 2,1-12	**Ein Königsstern**	161
Lukas 2,8-20	**Eine Stadt der Hirten und Könige**	166

Matthäus und Lukas

Einleitung zu den Geschichten über die Geburt Jesu

Die Geschichten über Jesus sind im Neuen Testament in vier Büchern enthalten, die, jedes auf seine eigene Weise, erzählen, wer Jesus war und was er gemacht hat.

Vier Evangelien

Erst vierzig, fünfzig Jahre nach seinem Tod wird die Geschichte über Jesus aufgeschrieben. Das älteste Buch über Jesus, Markus, beginnt mit dem Wort „Evangelium". Das bedeutet „gute Nachricht", „frohe Botschaft". Dieses Wort wurde später der Name für alle vier Bücher, die vom Leben Jesu erzählen. Die Autoren dieser Bücher werden Evangelisten genannt.

Die Geschichte über Jesus

Immer mehr Menschen wollten wissen, was Jesus gesagt und getan hatte. Und was er für ihr eigenes Leben bedeutete. Um diese Nachfrage zu befriedigen, fingen die Evangelisten an, über sein Leben zu schreiben. Sie erzählten, wie Jesus mit den verschiedensten Menschen umging, was er für sie bedeutete, was er auf Fragen antwortete und wie es ihm ergangen war. Beim Schreiben hatten alle vier die Geschichten aus dem ersten Teil der Bibel, dem Alten Testament, im Hinterkopf.

Eigener Charakter

Die Evangelisten waren selbst keine Augenzeugen des Lebens Jesu. Sie schrieben die Geschichten auf, die mündlich überliefert worden waren. Manchmal paßten sie die Geschichten den Fragen und der Situation ihrer Leser an. So hat jedes Evangelium einen eigenen Charakter erhalten.

Anonym

Wir wissen nicht genau, wer die Evangelisten waren. Die vier Bücher wurden erst später Matthäus, Markus, Lukas und Johannes genannt. Es kann sein, daß mehrere Menschen an einem Buch gearbeitet haben. Sie haben ihr Werk nicht mit Namen gekennzeichnet. Es ging nicht um sie, sondern um Jesus.

Zwei Geschichten über die Geburt

Matthäus und Lukas sind die einzigen Evangelisten, die eine Geschichte über die Geburt Jesu in ihr Evangelium aufgenommen haben. Diese Geschichten werden oft zu einer einzigen Weihnachtsgeschichte zusammengefaßt, aber sie haben beide ihren ganz eigenen Charakter. In diesem Buch werden sie beide erzählt. Zuerst die Geschichte, wie Matthäus sie aufschrieb. Hierin spielen die Weisen aus dem Morgenland die Hauptrolle. Danach folgt die Geschichte in der Bearbeitung von Lukas. In seiner Geschichte sind die Hirten wichtige Personen.

Gefunden

Erläuterung zu „Ein Königsstern"

In vielen Weihnachtsgeschichten folgen die Weisen aus dem Morgenland dem Stern. Das ist jedoch nicht das, was der Evangelist Matthäus beschreibt. In seiner Geschichte dauert es eine Weile, bis die Weisen den Stern wiedersehen.

Im Osten haben die Weisen einen Stern gesehen, der die Geburt eines besonderen Königskindes in Israel anzeigt. Sie machen sich auf den Weg und suchen den neuen König, natürlich in einem Palast. So kommen sie nach Jerusalem.
Aber dort sind sie am falschen Platz. Wer die Geschichten im ersten Teil der Bibel, dem Alten Testament, kennt, den wird das nicht erstaunen. Wenn Gott einen König bestimmt, dann ist nicht der Ort, an den man zuerst denkt, unbedingt der richtige. So war es auch, als David zum König bestimmt wurde ... in Bethlehem.

Matthäus schreibt sein Evangelium für Menschen, die mit dem ersten Teil der Bibel vertraut sind. Er wendet sich an jüdische Leser. Sein Evangelium beginnt mit einem Stammbaum, der zeigt, wie sehr Jesus im Volk Israel verankert ist. Er ist ein Nachkomme von Abraham und ein Sohn Davids. Aber Matthäus erzählt auch, daß Jesus für Menschen außerhalb dieses Volkes ebenfalls wichtig ist. Die Ankunft der Weisen aus dem Morgenland zeigt, wie bedeutend das Kind aus Bethlehem für die ganze Welt ist.

In dieser Geschichte kommen zwei Könige vor. Herodes, der Antikönig, der nicht so ist, wie ein guter König sein sollte. Und Jesus, der zeigen wird, wie ein wahrer König ist. Er wird von den Weisen mit königlichen Geschenken geehrt.
Die Tradition hat aus den drei Weisen drei Könige gemacht. Könige, weil in einem Psalm die Rede von Königen ist, die Geschenke bringen. Drei, weil man im Altertum und im Mittelalter drei Erdteile kannte: Europa, Afrika und Asien. Die ganze Welt kommt, um dem wahren König Ehre zu erweisen.

Der Stern ist ein Zeichen Gottes, ein Zeichen von Heil und Segen. Es wurden viele astronomische Erklärungen dafür gesucht und gefunden. In der Geschichte geht es um eine andere Art von Suchen und Finden.
Die Weisen, auf der Suche nach dem Königskind, verlassen Jerusalem. Von den Schriftgelehrten in Jerusalem haben sie gehört, daß nach der alten Überlieferung das Königskind in Behtlehem geboren wird. Dann erblicken sie wieder den Stern, den sie schon im Osten gesehen haben. Der Stern zeigt ihnen den Weg. Die Weisen wissen nicht, was ihnen passiert. „Als sie den Stern sahen, wurden sie hoch erfreut", schreibt Matthäus. Während sie suchten, hat der Stern, hat Gott selbst sie gefunden. Sie haben sich nicht nur etwas vorgemacht. So finden sie das Königskind.

Matthäus 2,1-12

Ein Königsstern

König Herodes ist kein netter König. Er winkt nicht, wenn er ausreitet. Und er besucht auch keine Kranken. Und wenn man Streit hat mit den Nachbarn, sagt er keine weisen Dinge, die den Streit beenden könnten. Die Menschen in Jerusalem mögen König Herodes nicht. „Von so einem König hat man nichts", sagen sie.

König Herodes mag seine Menschen auch nicht. „Menschen", sagt er, „sind einfach nur lästig."

König Herodes hat Angst vor seinem Volk. Angst, daß die Menschen ihn wegschicken werden. Angst, daß jemand anders König werden will. Jeden Morgen läßt er seinen Polizeichef kommen. Und jeden Tag fragt er dasselbe: „Habt ihr überall gelauscht? Seid ihr sicher, daß es keine Menschen gibt, die mich ermorden wollen und die selbst König werden wollen?"

Jeden Morgen sagt der Polizeichef: „Nirgends, Hoheit, haben wir jemanden finden können, der an deiner Stelle König werden will." Als der Polizeichef wieder weg ist, wird es still im Palast. Denn sonst kommt nie Besuch. König Herodes mag keinen Besuch.

Eines Tages stehen drei Männer vor dem Tor des Palastes. „Wir sind die Weisen aus dem Morgenland", sagen sie. „Wir wollen den König sprechen. Wir haben ihm etwas Wichtiges zu erzählen."

Der Palastdiener eilt zum König. „Hoheit, es ist Besuch da! Drei Männer, die Sie dringend sprechen wollen."

„Besuch?" ruft der König schlechtgelaunt.

„Sie kommen von weit her aus dem Morgenland", sagt der Palastdiener. „Es sind Gelehrte, Weise." Der König nickt mürrisch. „Laß sie 'rein. Aber wenn sie nichts zu erzählen haben, werfe ich sie gleich ins Gefängnis."

Die drei Männer kommen zum König. Der älteste beginnt zu reden. „Wir sind drei Weise. Wir haben über Ihrem Land einen Stern gesehen. Einen seltenen Stern. Das bedeutet, daß hier ein Königskind geboren wurde."

„Ein Königskind geboren?" Herodes springt vor Angst herunter von seinem Thron. „Davon weiß ich nichts."

Der König läuft aufgeregt hin und her durch den Palastsaal. Seinen Dienstboten gibt er den Befehl: „Ruft alle weisen Menschen aus Jerusalem zusammen."

An dem Abend kommen alle weisen Menschen aus Jerusalem zum Palastsaal. Sie reden laut durcheinander darüber, wer wohl das neugeborene Königskind ist. Bis der König fragt: „Jetzt habt ihr genug geredet. Erzählt mir: Ist es wahr, was die drei Weisen aus dem Morgenland mir gesagt haben?"

„Es ist wahr, König", spricht der älteste Weise aus Jerusalem. „Es steht in mehreren Büchern. Einmal wird ein besonderes Königskind geboren werden. In Bethlehem. An dem Ort, aus dem König David früher kam."

Der König schickt seine Weisen aus Jerusa-

Matthäus 2,1-12

lem weg und läßt die drei Weisen aus dem Morgenland zu sich kommen. „Ihr habt recht", sagt er. „Irgendwo bei Bethlehem wird ein Königskind geboren. Es steht in unseren Büchern. Geht nach Bethlehem", befiehlt Herodes den drei Weisen, „und findet heraus, wo genau das Kind geboren wurde und wie es heißt. Kommt dann zu mir zurück und erzählt es mir. Ich will das Kind auch gerne besuchen."

Die drei Weisen reisen ab. Sie brauchen nirgends nach dem Weg zu fragen. Der Stern geht vor ihnen her. Über einem Stall bei Bethlehem bleibt der Stern stehen. Die drei Weisen warten höflich einen Augenblick. Dann sagt der älteste: „Hier muß es sein."

Sie gehen in den Stall. Dort finden sie Maria, die Mutter des Kindes. In einer Krippe liegt ein kleiner Junge. „Was für ein strahlendes Kind," rufen die drei Weisen.

Sie knien vor dem Kind nieder. Die Geschenke, die sie mitgebracht haben, legen sie neben das Kind. „Er heißt Jesus", sagt Maria stolz. „Wirklich ein ganz besonderes Kind", sagt der jüngste Weise. Maria lächelt. Denn das findet sie auch.

In dieser Nacht haben alle drei Weisen denselben Traum. Sie hören eine Stimme, die sagt: „Geht nicht zurück zum König Herodes. Er hat Böses mit dem Kind im Sinn."

„Ich habe ihm schon gleich nicht getraut", sagt der jüngste Weise.

Die anderen nicken. „Wir auch nicht", sagen sie.

Am nächsten Tag reisen sie ab und machen einen großen Bogen um Jerusalem herum. Sie kehren zurück in das Land, aus dem sie gekommen sind.

Licht in der Nacht

Erläuterung zu „Eine Stadt der Hirten und Könige"

Ohne Kerzen und ohne Lichter ist es kein Weihnachten. Auf der nördlichen Halbkugel hat man begonnen, das Weihnachtsfest zu feiern, und das in der dunkelsten Zeit des Jahres.

Die Entscheidung für die dunkelste Zeit des Jahres hat mit der Nacht zu tun, in der die Hirten das Licht sehen. Die Nacht symbolisiert in jedem Zeitalter die Dunkelheit. Auch wenn die Sonne hoch am Himmel steht, kann es im Leben der Menschen dunkel sein. In dieses Stockdunkel bricht das Licht des Himmels ein, so erzählt der Evangelist Lukas in der Geschichte über die Geburt Jesu.

Himmlisches Licht in Engelsgestalt. Engel sind die Botschafter Gottes. In diesem Fall bringen sie eine besonders frohe Botschaft, die für alle bestimmt ist: „Es ist ein Retter geboren." Singend erklären die Engel, was das bedeutet: Friede. „Friede von Gott im Himmel für die Menschen auf Erden." Es bedeutet, daß Gott in diesem Kind den Menschen sehr nahe gekommen ist. So nahe wie nur möglich, wie einer von uns.

Der Ort, an dem das Kind zu finden ist, ist voller Bedeutung.
Christus, der Herr, liegt in einem Futtertrog, einer Krippe. Es ist ein Zeichen, das seinem Leben vorgreift. Er wird Herr sein ohne Pracht und Prunk, er wird ein König sein, indem er dient.

Auch die Hirten aus Bethlehem besuchen das Kind. Nicht gerade Abgesandte aus den höchsten Kreisen. Oder gerade doch? War es nicht ein Hirtenjunge, der von den Schafen weggerufen wurde, um König des Volkes Israel zu werden? Wohnte er nicht in Bethlehem? Hieß er nicht David? Geht es in dieser Geschichte also um einfache oder um königliche Gäste? Es geht um beides. Es geht um Licht und Dunkelheit, Himmel und Erde, Einfachheit und Königtum, Gott und Menschen.

Lukas 2,8-20

Eine Stadt der Hirten und Könige

In den Hügeln von Bethlehem wohnen Hirten. Tagsüber gehen sie mit ihren Schafen auf die Felder. Auf der Suche nach Gras. Am Abend ruhen sie sich aus. Dann machen sie ein Feuer. An dem Feuer wird gegessen. Und es werden Geschichten erzählt. Geschichten von früher. Über berühmte Könige oder über tapfere Menschen, die mit Löwen gekämpft haben.

Heute abend reden sie über König David. Sie erzählen oft Geschichten über David. Denn der hat früher auch in Bethlehem gewohnt. Und genau wie die Männer, die am Feuer sitzen, war er Hirte.

„So ein toller König war David!" sagen die Hirten, und sie halten den Daumen hoch.

„Ein ganzes Stück besser als dieser miese König Herodes, der jetzt auf dem Thron sitzt", sagt einer.

„König Herodes ist gar kein König. Er ist ein Dieb und ein Mörder!"

„Sei ruhig!" sagen die anderen erschrocken. „Nachher hört dich noch jemand. Paß bloß auf! Wenn König Herodes das hört, bist du deinen Kopf los."

Der jüngste Hirtenjunge fängt an zu singen. Ein Lied von König David. Die anderen Hirten singen mit:

Jerusalem,
mein liebster Ort.
Vierzig Vögel singen dort,
singen unerhörte Dinge;
nie mehr Hunger,
nie mehr Pein.
So wird mein Jerusalem sein.

Jerusalem,
o Friedens-Stadt!
Hundert Träume, die jeder hat.

Plötzlich schwebt ein Engel vom Himmel herab. Weiß wie Schnee und strahlend wie die Sonne selbst. Die Hirten erschrecken. Sie hören auf zu singen. „Erschreckt nicht!" sagt der Engel. „Ich habe gute Nachrichten: Der neue König ist geboren."

Die Hirten reden plötzlich alle durcheinander. „Ein neuer König?" rufen sie. „Neuer König? Wo?"

Der Engel sagt: „Wenn ihr nach Bethlehem geht, werdet ihr das Kindlein finden. Es liegt in einem Stall."

Auf einmal sehen die Hirten um den Engel herum eine ganze Gruppe von Engeln. Sie singen:

Hurra für Gott,
der im hohen Himmel lebt
und Hirten zum Königsthron erhebt.
Hurra für Gott,
der Frieden und Liebe lehrt.
Gott sieht die Welt eben umgekehrt.

Lukas 2,8-20

Lukas 2,8-20

Plötzlich sind die Engel verschwunden. Die Hirten schauen sich an. „Kommt", sagen sie, „wir machen uns gleich auf den Weg."
Sie rennen den Weg entlang. Sie haben es eilig. So etwas Wundersames wollen sie gleich sehen.
In Bethlehem finden sie den Stall. Da brennt noch ein Feuer. Neben dem Feuer sitzen Josef und Maria. Zwischen ihnen steht eine Krippe, aus der sonst die Tiere fressen. Heute nacht liegt ein kleines Kind darin. Es ist eingewickelt in Marias Umschlagtuch.

Die Hirten beugen sich über das Kind. Sie erzählen Josef und Maria, was der Engel ihnen gesagt hat. Josef findet die Geschichte merkwürdig. Ein neuer König geboren! Hier in diesem Stall? Aber Maria findet die Geschichte nicht merkwürdig. Sie hebt sie auf in ihrem Herzen. An einem Platz, an dem sie sie nie vergessen wird.
Die Hirten gehen wieder nach Hause. Zu ihren Schafen auf den Feldern von Bethlehem. Und als sie sich nahe um das Feuer kauern, weil die Nacht so kalt ist, singen sie ein Lied. Das Lied der Engel:

Hurra für Gott,
der im hohen Himmel lebt
und Hirten zum Königsthron erhebt.
Hurra für Gott,
der Frieden und Liebe lehrt.
Gott sieht die Welt eben umgekehrt.

Markus

Geschichten über Jesus

Markus 1,16-20	**Vier Fischer folgen Jesus**	172
Markus 1,21-34	**Der verrückte Mann**	176
Markus 2,13-17	**Levi ärgern**	179
Markus 5,21-43	**Ein Mädchen von zwölf Jahren**	182
Markus 6,30-44	**Es gibt genug für alle**	185
Markus 7,24-30	**Es bleibt immer etwas übrig**	188
Markus 10,13-16	**Macht Platz für die junge Dame**	191
Markus 10,17-27	**Ein sehr reicher Mann**	194
Markus 10,46-52	**Bartimäus kann nur betteln**	197
Markus 11,1-10	**Ein König, vor dem niemand Angst hat**	200
Markus 14,1-11	**Dinge, über die man lieber nicht spricht**	203
Markus 14,17-25	**Eine Reise durch das Land des Todes**	206
Markus 14,32-50	**Ganz allein**	209
Markus 15,16-47	**Ein König am Kreuz**	212
Markus 16,1-18	**Es ist wirklich kaum zu glauben**	215

Markus

Einleitung zu den Geschichten über Jesus

Die Geschichten über das Leben Jesu in diesem Buch beruhen auf Texten des ältesten Evangeliums: Markus

Mündlich und schriftlich

Der Autor dieses Evangeliums wird Markus genannt. Wer er genau war, wissen wir nicht. Was wir wissen, ist, daß er in den sechziger Jahren des ersten Jahrhunderts die Geschichten über Jesus aufgeschrieben hat. Das Buch war für die Zusammenkünfte der christlichen Gemeinde gedacht. Während dieser Zusammenkünfte wurde aus dem Alten Testament vorgelesen, und es wurde von Jesus erzählt. Es lag auf der Hand, daß man die Geschichten über Jesus auch gerne schriftlich festhalten wollte.

Hintergrund

Markus selbst hat Jesus nicht gekannt. Wahrscheinlich hat er in Rom Petrus kennengelernt, einen der Schüler von Jesus. Das würde bedeuten, daß er die Geschichten von einem Augenzeugen gehört hat. Als Markus die Geschichten aufschrieb, hat er immer auch an seine Leser und Zuhörer gedacht, an ihre Fragen und an ihren Hintergrund. Sie kingen mit in den Geschichten. Er ermutigt die Christen im Römischen Reich, die wegen ihres Glaubens von Verfolgung bedroht sind. In den Geschichten über das Leben Jesu betont Markus, daß das Leiden und der Tod nicht das letzte Wort haben.

Markus 1,16-20

Menschen, die mitgehen

Erläuterung zu „Vier Fischer folgen Jesus"

Jeder träumt manchmal davon, daß etwas passieren wird, wodurch sich alles mit einem Schlag ändert. Daß man in ein Ministeramt berufen wird, daß die Prinzessin einen heiraten will, oder daß man etwas erfindet, was die Umwelt retten wird. Aber solche Dinge passieren nur anderen Menschen, besonderen Menschen, nicht einer ganz normalen Frau oder einem normalen Mann wie du oder ich.

Für Menschen, die so über sich selbst denken, beschreibt Markus, wie Jesus plötzlich in das Leben von vier ganz normalen Fischern eingreift. Menschen wie sie werden von Jesus eingeladen, mit ihm zu gehen. Er schaut nicht auf Diplome, er braucht keine Zeugnisse. Er sagt nur: „Geht mit mir."

Wenn etwas Wichtiges den Weg des Menschen kreuzt, wird eine Entscheidung fällig. Entscheidung bedeutet immer auch Verlust. Die Fischer entscheiden sich dafür, mit Jesus zu gehen. Das heißt, daß sie vieles zurücklassen: ihren Broterwerb und ihre Familie. Was haben sie dabei zu gewinnen? Genau das, was sie verlieren. Denn sie werden auf eine neue Art Fischer werden und auf eine neue Art Brüder.

Jünger von Jesus nennen einander Brüder und Schwestern. Und diese vier Brüder lassen zwar ihre Netze zurück, aber sie werden dennoch Fischer sein. Fischer von Menschen. Es gibt so viele Menschen, die den Kopf nicht über Wasser halten können, Menschen, die in tiefster Dunkelheit leben. Es ist die Absicht von Jesus, daß diese Menschen „aufgefischt" werden, daß sie ans Licht gelangen und festen Boden unter die Füße bekommen.

Von Beginn an ist deutlich, daß Jesus bei seinem Wirken Menschen einbezieht. Männer und Frauen, die mit ihm gehen, die ihr Schicksal an seines knüpfen. Es sind ganz verschiedene Menschen: normale und ungewöhnliche, Männer und Frauen, reiche und arme, gelehrte und einfache. Sie werden von Jesus selbst eingeladen, ihm zu folgen. In der Bibel werden sie Lehrlinge oder Jünger genannt. In den Geschichten dieses Buches heißen sie „seine Freunde".

Markus 1,16-20

Vier Fischer folgen Jesus

Am Strand des Sees von Galiläa ist es immer dasselbe. Das Wasser plätschert und plaudert. Es erzählt kleine Geschichten über Fischer, die Fische fangen, und gruselige Geschichten über Stürme, die Schiffe umpusten. Immer die gleichen Geschichten. Aber in letzter Zeit gibt es am See von Galiäa auch andere Geschichten zu hören. Neue Geschichten über jemanden, der Jesus heißt. Geschichten, die erzählen, daß Jesus Menschen heilt. Daß er mit Menschen befreundet ist, die sonst keine Freunde haben. Daß er Menschen hilft, die gehänselt werden. Daß er schön erzählen kann vom Land Gottes. Lauter ungewöhnliche Geschichten. Geschichten, die größer werden und wachsen. Das kommt vom Weitererzählen.

Heute scheint die Sonne über dem See von Galiläa. Die Wellen sehen aus wie tausend kleine Spiegel. Auf dem See fährt das Boot von Jakobus und Johannes. Sie stehen aufrecht in ihrem Boot. Sie sind dabei, ihre Fischernetze auszuwerfen. Sie warten darauf, daß die Fische hineinschwimmen. Dann ziehen sie die Netze wieder hoch. So geht das jeden Tag. Manchmal sind Fische in den Netzen, manchmal nicht. Wenn viele Fische darin sind und das Netz schwer ist, müssen sie aufpassen, daß sie nicht über Bord fallen.

Am Ufer des Sees stehen noch zwei Fischer. Es sind Simon und Andreas. Sie haben kein Boot. Das können sie nicht bezahlen. Sie haben nur ihre Fischernetze und ihre Hände. Immer wieder werfen sie ihre Netze ins Wasser. Dann holen sie die Netze wieder ein. Meistens ist nichts drin. Aber manchmal haben sie Glück. Zwanzig oder dreißig Fische fangen sie dann. So machen Simon und Andreas das schon seit Jahren, seit sie ganz jung waren. Jeden Tag aufs neue. Und so wird es wohl immer weitergehen, bis sie ganz alt sind.

Simon sagt: „Ich wollte, es würde mal etwas passieren. Daß ich den größten Fisch der Welt fangen würde. Oder etwas anderes. Etwas, worüber ich ganz erstaunt wäre. Etwas, von dem ich sagen würde: Ist das wirklich wahr?" Aus der Ferne nähert sich ein Mann. Er ruft etwas. „Es ist Jesus", sagt Andreas. „Er kommt hierher. Es sieht so aus, als ob er zu uns will."

Jesus winkt. „Kommt mit mir", ruft er. Simon blickt auf sein Fischernetz. Er zieht es ans Ufer. Es ist leer. „Ich gehe mit", sagt Simon.

„Ich auch", sagt Andreas.

Jetzt ruft Jesus auch Jakobus und Johannes zu: „Kommt mit mir!"

Die Jungen rudern ans Ufer. Sie laufen zu Jesus. Am Strand ist ihr Vater gerade dabei, die Netze fertig zu machen. „Das geht aber nicht!" sagt er. „Wo wollt ihr hin?"

„Wir folgen Jesus", rufen sie.

„Ihr müßt fischen!" schreit ihr Vater hinter

Markus 1,16-20

Markus 1,16-20

ihnen her. „Ihr müßt Geld verdienen." Doch die Jungen hören nicht auf ihren Vater. Sie rennen über den Strand, hinter Jesus her.
„Diese Fische", sagt Simon, „und diese schweren Netze haben mich immer nach unten gezogen. Aber jetzt fühle ich mich frei wie ein Vogel." Er streckt seine Arme aus und flattert mit ihnen wie ein Vogel. Alle rennen hintereinander her. Sie springen und laufen und lachen. So kommen sie bis zur Straße.
Andreas kann mit den anderen nicht mehr Schritt halten. „Wartet auf mich!" ruft er.
Jesus bleibt stehen. Die anderen auch.
Sie warten auf Andreas, denn sie sind Freunde.

Einer muß gehen

Erläuterung zu „Der verrückte Mann"

Für einen von uns beiden ist hier kein Platz. Das kann die Schlußfolgerung sein, wenn zwei Menschen sich unversöhnlich gegenüberstehen. Ihre Ideen und Vorstellungen sind unvereinbar, sie schließen sich aus. Es ist dann die Frage, wer gehen muß.

Etwas Ähnliches passiert in Kapernaum. Es ist üblich, daß in der Synagoge im Anschluß an den Bibeltext, der vorgelesen wurde, ein Gespräch in Gang kommt. Jesus ergreift dabei die Initiative. Durch die Art und Weise, in der er das macht, werden Menschen berührt. Wenn er spricht, ist es, als wäre Gott selbst anwesend. Der Geist Gottes ist mitten unter ihnen.

In der Synagoge ist ein Mann mit einem „unreinen Geist". So umschreibt Markus die Symptome, unter denen der Mann leidet.

„Unrein" bedeutet etwas, was nicht mit Gott vereinbar ist. Dieser unreine Geist ist unvereinbar mit dem Geist Gottes. Daher die heftigen Worte von Jesus: „Raus mit dir!"

Es ist nicht genau zu sagen, woran der Mann gelitten hat. Etliche psychische Defekte und Geisteskrankheiten haben in der biblischen Zeit noch keine medizinischen Namen. Sie werden alle mit demselben Ausdruck „unreiner Geist" bezeichnet. Es sieht so aus, als wäre der Mann nicht er selbst, als wäre er von einem Geist besessen, der ihm nicht gut tut. Dadurch hat er immer Angst und kommt nicht zum Leben.

So ein Leben stimmt mit dem Geist Gottes nicht überein. Menschen sollten aus voller Kraft leben und nicht ängstlich in einem Eckchen sitzen. Das Auftreten Jesu zeugt davon. Er fügt die Tat hinzu zum Wort Gottes, das in der Synagoge vorgelesen wurde. Er sagt: „Hier ist nur Platz für Einen."

Jesus befreit den Mann von seinem Quälgeist, damit er endlich er selbst sein kann.

Markus 1,21-34

Der verrückte Mann

Die Sonne hängt wie ein roter Ball am Himmel. Sie sinkt immer tiefer. Fast berührt sie den Boden. Das Städtchen Kapernaum ist voller Menschen. Sie gehen eilig durch die Straßen. Wenn die Sonne gleich untergeht, schließen die Geschäfte. Dann beginnt der Sabbat, und alle haben frei. In den Häusern hört man die Kinder lachen. Man hört das Geplätscher von Wasser, weil alle sich waschen. Gleich, wenn die Sonne weg ist, kommen die Menschen zusammen, um zu singen und Geschichten zu erzählen.

Als alle Kinder saubere Kleider anhaben, gehen sie zu einem großen Haus, der Synagoge, in dem sie am Sabbat alle zusammenkommen. Die meisten Menschen sitzen schon auf dem Boden beieinander. In der Ecke, weit weg von den anderen Menschen, sitzt der verrückte Mann. Er sitzt immer dort und hat die Arme um den Kopf geschlagen, denn er hat Angst. Angst vor dem kläffenden Gespenst, das in seinem Kopf sitzt. Jedes Mal, wenn er sich zuviel bewegt, kläfft es: „Ich werde dich kriegen, ich werde dich kriegen!"

Er hat auch Angst vor dem Quälgeist in seinem Kopf, der sagt: „Du darfst nicht mitmachen, denn du bist dumm!"

Und am meisten Angst hat der verrückte Mann vor dem Vielfraßmonster, das brüllt: „Ich werde dich auffressen!"

Als alle drinnen sind, wird vorgelesen. Geschichten über Gott. Und es wird gesungen. Die Menschen danken Gott. Für das schöne Wetter und für alles, wofür sie ihm danken wollen.

Dann steht Jesus auf. Er fängt an zu reden. Er spricht über das Land Gottes. Alle hören zu, denn jeder würde ganz gerne dort wohnen. Es wird dort niemand geärgert, und keiner läuft weg, wenn man es nicht will. Auch der verrückte Mann hört Jesus zu. Aber alle Monster, Gespenster und Geister in seinem Kopf fangen an zu brüllen und zu schreien. Das Vielfraßmonster brüllt: „Ich kenne dich schon, Jesus. Du kommst von Gott."

Jesus schaut auf den verrückten Mann. Der hat wieder seine Arme um den Kopf geschlagen. Jesus sieht die Gespenster und die Monster in seinem Kopf. Er ruft ihnen zu: „Seid ruhig! Kommt heraus!" Die Gespenster, die Monster und der Geist kommen heraus. Sie fliehen, so schnell sie können.

Der verrückte Mann schüttelt seinen Kopf. Sie sind weg! Völlig weg! Es ist keiner mehr da, der ruft: „Du darfst nicht mitmachen." Oder: „Ich werde dich auffressen."

Der Mann steht auf. Er lacht. Er setzt sich zu den anderen und schaut die Menschen an. Er hat überhaupt keine Angst mehr. Jeder spricht darüber: „Hast du das gesehen? Alle gruseligen Monster sind aus seinem Kopf verschwunden. Jesus hat sie einfach herausgeredet." Die Menschen gehen nach Hause, um zu essen. Jemand fragt den Mann: „Möchtest du bei uns essen?" Und dazu hat der Mann ganz große Lust.

Markus 1,21-34

Menschen, die gescheitert sind

Erläuterung zu „Levi ärgern"

Muß das denn sein von meinen Steuergeldern? Es paßt uns nicht immer, was die Behörden mit unserem gemeinschaftlichen Geld machen. Wir wissen, daß es nötig ist und viel Gutes damit getan wird, aber je weniger Steuern wir bezahlen, desto lieber ist es uns.

Noch viel mehr Widerstand und Abscheu ruft die Steuererhebung in Galiläa hervor. Das Geld geht nicht an die Gemeinschaft, sondern an den König, der im Namen der römischen Besatzer regiert. Außerdem funktioniert das System nach dem „Teile-und-Herrsche-Prinzip". Ein normaler Bürger kann das Recht pachten, Steuern einzutreiben, er muß dann einen festen Betrag an den König bezahlen. Dann kassiert er Steuern von seinen Landsleuten, indem er eine Art Einfuhrrecht ausübt. Alles, was er über die Pachtsumme hinaus einnimmt, ist sein eigener Verdienst. Bei einer Steuererhöhung kommt also nicht mehr Geld in die Staatskasse, sondern es verschwindet in den Taschen des Steuerinspektors.

Levi ist so ein Steuereintreiber. Er wird als Verräter betrachtet, der sich auf Kosten seiner Landsleute bereichert. Gefürchtet wird er, gehaßt, beneidet vielleicht auch, aber vor allem verachtet. Er ist unten durch, und das ist begreiflich. Was sieht Jesus um Himmels willen in diesem Mann?

Levi sitzt auf seinem Posten wie eine Spinne im Netz, bereit, den nächsten Kaufmann auszusaugen. Jesus sieht ihn sitzen und ruft ihn von dort weg. Weg aus dem Amt, das ihm zwar Macht und Reichtum bringt, ihn aber auch einsam und verhaßt macht. „So ist das Leben nicht gedacht, Levi. Komm mit", sagt Jesus.

„Unbegreiflich, daß Jesus sich mit diesem Mann einläßt", wird geflüstert. „Daß er ihn bittet, sein Freund zu sein."
Als dieses Urteil zu Jesus durchdringt, ist seine Antwort sehr deutlich. „Ich bin nicht gekommen, um Leute zu rufen, mit denen alles in Ordnung ist, sondern Menschen, die gescheitert sind."
Wer Jesus folgen will, weiß, in welcher Gesellschaft er sich befindet. Er sitzt mit dem Verwirrten, dem Betrüger und dem Straßenmädchen an einem Tisch; denn die wurden alle gerufen, um zu leben, wie Gott es gewollt hat.

Markus 2,13-17

Levi ärgern

Am See von Galiläa liegt ein Weg. Am Ende des Weges stehen zwei Zollhäuschen. Da ist eine Grenze. Auf der einen Seite der Grenze regiert König Philipp. Auf der anderen Seite der Grenze regiert König Antipas. Im Zollhäuschen von König Antipas steht Levi. Im Zollhäuschen auf der anderen Seite steht der Zollbeamte von König Philipp.

Wenn Reisende aus dem Land von König Philipp kommen, springt Levi aus dem Zollhäuschen und sagt: „Halt! Im Namen des Königs! Ihr betretet das Land von König Antipas. Ihr müßt bezahlen. Zehn Kupfermünzen für König Antipas und fünf Kupfermünzen für mich."

Also bezahlen die Reisenden fünfzehn Kupfermünzen. Aber sie sagen nicht: „Bitte sehr." Und auch nicht: „Dankeschön" oder „Auf Wiedersehen."

Die Menschen können König Antipas, der zehn Kupfermünzen von ihnen haben will, nicht leiden. Und Levi, seinen Zollbeamten, können sie erst recht nicht leiden. Denn der verlangt nochmal fünf Kupfermünzen extra, für sich selbst.

Manchmal geht auch jemand gratis über die Grenze. So wie die Kinder aus dem Städtchen Kapernaum. Sie rennen über die Grenze hin und her. Sie rufen: „Ätsch, du! Kostet keinen Sou!"

Dann werden Levi und der Zollbeamte von König Philipp böse. Sie rennen hinter den Kindern her. Bis Levi ruft: „Paßt bloß auf! Gleich schicke ich euch die Soldaten von König Antipas auf den Hals."

Dann laufen die Kinder so schnell wie möglich davon. Denn die Soldaten von König Antipas sind ziemlich brutal. Wenn sie außer Atem vom Rennen nach Hause kommen, sagen sie: „Heute haben wir Levi geärgert."

Ihre Mütter schimpfen nicht. Sonst sagen sie immer, daß man niemanden ärgern soll. Aber Levi ärgern? Dagegen sagen sie nichts. Denn niemand kann Levi leiden. Darum geht er immer ganz alleine durch die Stadt. Denn niemand will Levis Freund sein.

Heute steht Levi wieder in seinem Zollhaus und wartet auf Reisende. Aus der Richtung der Stadt kommt Jesus. Levi kennt Jesus wohl. Er erzählt Geschichten über das Land Gottes. Ein Land, in dem niemand geärgert wird, weil Gott alle Menschen liebt. Aber nicht mich, denkt Levi, weil niemand mich liebt.

Jesus sieht Levi. Er geht zu ihm. „Komm Levi", sagt er, „komm mit mir!" Levi sieht Jesus an: „Meinst du mich?" Jesus nickt.

„Wirklich wahr?" fragt Levi noch einmal.

„Wirklich wahr", sagt Jesus.

Levi denkt nach. Noch nie hat jemand ihn gefragt: „Gehst du mit?" Ich tue es, denkt Levi. Er rennt zum Zollhaus auf der anderen Straßenseite. Er wirft seine Geldtasche und seine Zollmütze hin. Das Geld, das für ihn selbst ist, wirft er in die Luft. „Gib die Mütze und das Geld nur König Antipas", ruft er. „Ich höre auf damit. Ich gehe mit Jesus!"

Markus 2,13-17

„Mit Jesus?" fragt der andere Zollbeamte. „Kann man damit mehr Geld verdienen?"
„Mehr Geld verdienen?" ruft Levi aus. „Ha, ha, mehr Geld verdienen!" Er lacht so laut, daß man sich die Finger in die Ohren stecken muß.

„Aber nein, ich werde für Gott arbeiten!"
Er rennt hinter Jesus her. Der Zollbeamte von König Philipp schaut ihm nach. Er schüttelt seinen Kopf. Dieser Levi, denkt er, war schon immer ein Spinner.

Markus 5,21-43

Hab nur Vertrauen

Erläuterung zu „Ein Mädchen von zwölf Jahren"

Stelle es dir lieber nicht vor. Dein Kind ist krank, todkrank. Was würdest du nicht alles tun, um das Leben deines Kindes zu retten? Bis ans Ende der Welt würdest du gehen, wenn es sein muß auf allen vieren.

Der Vorsteher der Synagoge fällt vor Jesus auf die Knie. Die Geschichte sagt es nicht, aber es wäre gut möglich, daß er am Abend zuvor noch über „Das Problem Jesus" gesprochen hat. Denn was Jesus sagt und tut, kommt nicht bei jedem gut an, vor allem nicht bei der etablierten Ordnung. Das klingt zweifellos mit, als Markus erzählt, daß Jairus, der Vorsteher der Synagoge, zu Jesus kommt. Er ist verzweifelt. Und auch daß er seine Position damit aufs Spiel setzt, ist ihm egal. Seine kleine Tochter ist krank, es geht zu Ende. Er fleht Jesus an, zu kommen und ihr die Hände aufzulegen, damit sie gerettet wird und am Leben bleibt.

Jesus geht mit und ... alles wird gut? Letztendlich ja, aber bis es soweit ist, wird die Bibelgeschichte unterbrochen. Sie wird aufgehalten durch eine chronisch kranke Frau. Schon seit zwölf Jahren verliert sie unaufhörlich Blut. Sie glaubt, daß sie genesen wird, wenn sie Jesus nur anfassen darf. Das geschieht. Aber inzwischen verstreicht kostbare Zeit, und es ist zu spät für das Töchterchen von Jairus. Sie ist gestorben, so erzählt man ihm.

Wichtig ist, was Jesus dann sagt: „Hab keine Angst, hab nur Vertrauen." Die Worte sind nicht nur für Jairus bestimmt. Markus hat sie auch aufgeschrieben für die Menschen, die seine Evangeliumsgeschichten hören oder lesen. Sie leben unter schwierigen Bedingungen. Sie werden wegen ihres Glaubens verfolgt, es ist fraglich, ob sie mit dem Leben davonkommen werden. Verzweifelt sind sie oft, und sie haben Angst. Der Tod ist nahe.

Diese Menschen hören diese Geschichte, die so voller Tod ist. Die blutende Frau ist unfruchtbar, ihr Schoß ist tot, schon seit zwölf Jahren. Die kleine Tochter von Jairus stirbt zwölfjährig, bevor sie Leben weitergeben kann. Doppelter Tod. Dann erklingen die Worte: „Hab keine Angst, hab nur Vertrauen."

Selbst wenn es zu spät ist, ist es nicht vorbei. Die Frau wird genesen, und das Mädchen steht auf. Wo Jesus hinzukommt, hat der Tod nicht das letzte Wort. Er bringt Leben. Leben für die Frau, Leben für das Mädchen. Sie können jetzt selbst Leben weitergeben. „Hab nur Vertrauen."

Markus 5,21-43

Ein Mädchen von zwölf Jahren

Im großen Haus des Herrn Jairus ist es still. Nicht weil die Menschen schlafen, oder weil sie nicht zu Hause sind. Es ist still, weil die kleine Tochter von Herrn Jairus krank ist. Auf den Gängen flüstern sich die Menschen zu: „Geht es schon besser?" Jemand schüttelt den Kopf. „Nein, nein, es geht nicht besser." Das Mädchen liegt im Bett. Sie hat ihre Augen geschlossen. Ihr kleiner Körper ist heiß. Sie hat Fieber. Neben dem Bett sitzt ihre Mutter. Ab und zu legt sie ein nasses Tuch auf den Kopf des Mädchens. „Willst du etwas trinken?" fragt sie. Aber das Mädchen sagt nichts. So krank ist sie. Neben dem Bett steht ein Becher. Darin ist Wasser mit einer Kräutermedizin. Aber die Kräutermedizin hilft nicht.

Vater Jairus kommt herein. „Geht es schon besser?" fragt er. „Nein", sagt die Mutter. „Nein, es geht nicht besser. Es geht nur immer schlechter." Tränen laufen ihr über das Gesicht. „Wir werden unser Mädchen nicht aufwachsen sehen", sagt sie. „Sie wird bestimmt sterben." Auch Jairus weint. Er ruft: „Das kann nicht sein. Das darf nicht sein."

Er trocknet seine Tränen. „Ich gehe schnell zu Jesus", sagt er. „Ich werde ihn bitten, zu unserem Mädchen zu kommen. Dann wird sie genesen. Du wirst es sehen!" Und Jairus rennt aus dem Haus.

„Wo ist Jesus?" fragt er. „Bei den Booten", sagt jemand zu ihm.

Jairus rennt zu den Booten. Er rennt, so schnell er kann. Er keucht. Seine Brust geht auf und ab. Schon aus der Ferne sieht er Jesus. Er sitzt mit einer ganzen Gruppe Menschen im Gras.

„Jesus!" ruft er, „Jesus, komm schnell mit. Mein Mädchen ist krank. Du mußt sie heilen!"

Jesus steht auf. „Ich komme", sagt er.

Alle Menschen stehen auf und drängen sich um Jesus. Ganz langsam gehen sie zum Haus des Jairus. Jairus ist ungeduldig. „Komm doch mit", sagt er. „Schnell. Beeil dich!"

Von weitem kommt ein Mann gerannt. Es ist der Gärtner von Jairus. Er bleibt vor Jairus stehen und fällt auf die Knie. „Das Mädchen ist tot", sagt er. „Deine kleine Tochter ist tot." Auch Jairus fällt auf die Knie. Er weint. Aber Jesus zieht ihn an seinem Ärmel hoch. „Weine nicht", sagt er. „Sie ist nicht tot. Sie schläft nur."

Jesus geht zu dem Zimmer, in dem das Mädchen liegt. Um das Bett herum sitzen Menschen. Sie rufen und weinen und klagen. „Hört auf", sagt Jesus, „hört auf zu weinen."

Er geht zu dem Mädchen und sagt zu ihr: „Mädchen, steh auf!"

Das Mädchen setzt sich aufrecht hin. So viele Menschen, denkt sie. Habe ich etwa Geburtstag? Sie steht auf. Sie ist ein sehr großes Mädchen und schon beinahe zwölf Jahre alt.

Markus 5,21-43

Markus 6,30-44

Jede Kleinigkeit hilft

Erläuterung zu „Es gibt genug für alle"

Der Zug fährt in einen großen Bahnhof ein. Langsam gleiten die Menschen, die dort warten, an deinem Auge vorbei. Plötzlich kommt dir der Gedanke: All diese Menschen, woher kommen sie, und wohin gehen sie? Sind sie glücklich? Wer kümmert sich um diese Menschen?

Eine ähnliche Erfahrung machen Jesus und seine Jünger, als sie mit ihrem Boot anlegen. Aber viel intensiver, denn alle diese Menschen warten nicht auf den Zug, sondern auf sie. Wer kümmert sich um diese Menschen? Jesus sieht sie und begibt sich mitten unter sie: Sie sind wie Schafe ohne einen Hirten.

Die Bildersprache verweist auf das Alte Testament. An verschiedenen Stellen wird dort das Volk Israel mit einer Herde Schafe verglichen. Schafe brauchen einen Hirten. Jemanden, der für sie sorgt und sie beschützt, der sie an Orte bringt, an denen das Gras grün ist, und der ihrem Dasein eine Richtung gibt.

Jesus nimmt die Sorge für diese Menschen auf sich. Er gibt ihnen, was sie brauchen. Das wird auf besondere Weise erzählt. Er beginnt zu unterrichten, eines nach dem anderen lehrt er sie. Er macht ihnen deutlich, daß die Geschichten über Gott und die Menschen auch für sie gedacht sind. Daß Gott ein Hirte für sie sein will. Daß sie gerufen werden, um Gott zu folgen.

Das Besondere ist, daß Jesus anschaulichen Unterricht erteilt und die Fürsorge Gottes fühlbar und konkret macht. Denn als es spät geworden ist und Zeit zum Essen, werden die Menschen nicht weggeschickt, damit jeder für sich zusieht, ob es etwas zu holen gibt. Gerade da fügt Jesus die Tat zum Wort hinzu. Er sorgt für sie, er gibt ihnen zu essen. Er verteilt, was er hat, bis sie alle satt sind.

Alles was Jesus hat, sind fünf Brote und zwei Fische. Das ist erneut eine Verbindung zum Alten Testament. Die ersten fünf Bibelbücher bilden die Tora. Zusammen mit den zwei darauf folgenden Teilen sind sie zusammengefügt zum Alten Testament. Es bestätigt, was wir schon sahen: Die Schafe werden von diesem Hirten nicht nur körperlich, sondern auch geistig ernährt.

Auch für die Jünger Jesu ist dieses Geschehen eine Lektion. Sie werden eingeladen, selbst Hirten zu werden, um für Menschen zu sorgen. Sie fangen an mit: „Es gibt hier nichts." Als sie genauer hinsehen, stellt sich heraus, daß es doch etwas gibt. Und mit dieser Kleinigkeit, die sie zu bieten haben, werden große Dinge getan. So ermutigt Jesus seine Freunde. Und wer Markus ein bißchen kennt, weiß, daß er damit auch die späteren Jünger Jesu ermutigen will.

Markus 6,30-44

Es gibt genug für alle

Jesus geht an den Ufern des Sees von Galiläa entlang. Schon von weitem kann man erraten, daß er es ist, weil ihm immer eine große Menschenmenge folgt.

Sie bitten: „Ach komm, erzähle nochmal eine Geschichte..."
Aber Jesus ist müde. Er hat schon so viel geredet. „Kommt, laßt uns dieses Boot nehmen", sagt er zu seinen Freunden.

Markus 6,30-44

Sie steigen in das Boot und fahren auf den See hinaus.

Die Menschen begleiten das Boot am Ufer des Sees. Jesus steht vorne im Boot und sieht, wie die Menschen mitlaufen. Er denkt: Diese Menschen sind wie die Kinder, die niemanden haben, der ihnen vorliest. „Laßt das Boot wieder anlegen", ruft er.

Jesus geht an Land. Er beginnt, den Menschen eine Geschichte zu erzählen. Die Menschen hören zu. Fast vergessen sie zu atmen, denn wenn Jesus über das Land Gottes spricht, ist es beinahe so, als ob man selbst dort wohnt. Es wird später und später. Die Sonne hängt tief über dem Land. Nur noch kurze Zeit, dann verschwindet sie hinter dem Horizont, und es wird dunkel. Die Menschen merken es nicht einmal.

Aber ihr Bauch schon. Der knurrt und brummelt: „Sag' mal, ist es nicht Zeit zum Essen?" Auch die Freunde von Jesus haben Hunger. Sie sagen zu Jesus: „Schick die Menschen ins Dorf, um Essen zu kaufen."

Aber Jesus fragt: „Wieviele Brote sind da?" Die Freunde von Jesus gehen zu den Menschen, die auf dem Boden sitzen und fragen, ob sie etwas zu essen dabei haben. Als sie die Brote zählen, sind es fünf, und sie haben zwei Fische.

„Das ist genug", sagt Jesus. „Teilt es nur aus." „Genug?" denken die Freunde, und sie sehen sich um. Überall sitzen Menschen. Wenn man sie zählen müßte, wäre man den ganzen Tag beschäftigt.

Jesus teilt aus, und das Brot wird nicht alle. Es ist genug für jeden da! Die Menschen essen, soviel sie wollen. Als sie fertig sind, ist immer noch etwas übrig. Es ist wirklich kaum zu glauben!

Markus 7,24-30

Gottes Güte kennt keine Grenzen

Erläuterung zu „Es bleibt immer etwas übrig"

Wer Glück teilt, vervielfacht es. Diese mathematische Wahrheit scheint nur schwer begreiflich zu sein. Es ist etwas in uns, das Glück und Wohlstand für sich allein behalten will. Wir haben Angst davor, daß das Gute nicht mehr, sondern weniger wird, wenn wir es mit anderen teilen.

In dieser Geschichte wird die Angst durchbrochen. Es ist bemerkenswert, daß eine ausländische Frau die Einsicht bringt. Markus gibt damit zwischen den Zeilen Antwort auf Fragen, die im Kreise der Jünger Jesu eine Rolle spielen. Fragen wie: Dürfen Nicht-Juden bei uns mitmachen? Haben Frauen eigentlich etwas zu sagen? Diese nichtjüdische Frau hat das auf jeden Fall!

Jesus ist über die Grenze gegangen. Er hat sich kurz zurückgezogen, will unbemerkt bleiben. Das gelingt nicht ganz. Es gibt eine Frau mit einer kranken Tochter. Sie sucht bei ihm Heilung.
Sie ist nicht irgendeine Frau, sondern eine Ausländerin, eine Nicht-Jüdin. Sie gehört nicht dazu, sie befindet sich außerhalb der Gruppe von Menschen, mit denen Jesus umgeht. Aber er nimmt auch sie ernst. Er führt eine Art Lehrgespräch mit ihr und sagt: „Du kannst doch nicht den Kindern das Brot wegnehmen, um die Hunde im Haus damit zu füttern."
Mit Hunden sind hier Menschen gemeint, die Nicht-Juden sind. „Ist es nicht besser, zuerst für das eigene Volk zu sorgen?" fragt Jesus. Eine Frage, die auch in unserer Zeit gestellt wird.

Die Frau gibt, wie eine Lehrmeisterin, die überraschende Antwort auf die Frage Jesu. „Den Kindern braucht es an nichts zu mangeln, es fällt für die Hunde immer genug vom Tisch."
Diese Antwort erinnert an die vorige Geschichte, in der Jesus den Menschen zu essen gab. Jeder hatte genug, und es war noch so viel übrig. Die Fürsorge Gottes und der Vorrat an Gottes Güte sind nicht begrenzt. Es gibt keine abgemessene Menge, es gibt Überfluß. Laßt nur jeden daran teilhaben, davon wird es nur noch mehr.

Markus 7,24-30

Es bleibt immer etwas übrig

Jesus ist weit fort gegangen, bis ins Ausland. Dort ist er zu Besuch bei Menschen, die er kennt. Seine Freunde sind auch da. Sie sind nie allzu weit weg von Jesus. Es ist schließlich ihr Jesus. Wenn er irgendwo hingeht, dann gehen sie mit ihm.

Jesus sitzt im Haus und unterhält sich mit seinen Freunden. Dann wird laut an die Tür geklopft. Draußen steht eine Frau. Sie ist außer Atem vom schnellen Rennen. Sie geht zu Jesus und greift ihn am Ärmel. „Jesus! Meine kleine Tochter ist krank, so krank. Sie liegt im Bett und wälzt sich immer nur hin und her. Wenn sie redet, sagt sie seltsame Dinge. Ich mache mir solche Sorgen. Du mußt mir helfen!"

Simon steht auf. Diese Frau gehört nicht hierher, denkt er. Er geht zu ihr und zieht sie weg von Jesus. „Wir sind sehr beschäftigt. Du kannst doch nicht einfach hier hereinplatzen? Jesus kann nicht überall gleichzeitig sein! Er gehört zu uns, und er hat keine Zeit, um Dir jetzt auch noch zu helfen." Aber Jesus steht auf und fragt die Frau: „Wenn du zu Hause die Brote zubereitet hast und mit den Kindern am Tisch sitzt, dann gibst du das Brot doch nicht den Hunden und den Vögeln?"

„Was für eine komische Frage", sagt die Frau. „Natürlich gebe ich das Brot den Kindern. Aber es bleibt immer etwas übrig. Eine Kruste für den Hund und ein paar Krümel für die Vögel."

Jesus lacht. „Du bist eine weise Frau", sagt er. „Ich finde, daß du recht hast. Es ist immer etwas Brot übrig. Und ich habe immer etwas Zeit übrig. Auch für dich und für deine Tochter. Geh´ nur nach Hause, deiner Tochter geht es wieder besser."

Die Frau rennt nach Hause. Als sie dort ankommt, liegt ihre Tochter nicht mehr im Bett. Sie erschrickt. Es wird doch nichts passiert sein?

Aber dann sieht sie ihre Tochter draußen. Sie spielt Verstecken mit ihren Freunden. Sie ist wieder ganz gesund. Es ist ein Wunder.

Markus 7,24-30

Markus 10,13-16

Geben durch nehmen

Erläuterung zu „Macht Platz für die junge Dame"

Eine Mutter ist traurig. Ihr Kind spürt das und versucht, besonders lieb zu sein. Brav spielen, ein Streicheln, ein Kuß, es sieht nicht so aus, als würde es wirklich helfen. Dann wird der Mutter das Lieblingskuscheltier in die Arme gedrückt, der alternative Trost.

Ein kleines Kind kann viel geben. Das vergessen wir manchmal, weil Kinder auch eine ganze Menge nehmen. In dieser Geschichte stellt Jesus die Kinder in den Vordergrund. Er zeigt ihnen, daß sie viel zu geben haben, gerade weil sie so gut nehmen können.

Die Jünger Jesu haben das noch nicht begriffen, obwohl er ihnen schon einmal ein Kind als Vorbild hinstellte. Das war, als sie in heftigen Streit darüber gerieten, wer von ihnen der wichtigste ist. Jetzt machen sie sich wieder wichtig, indem sie Kinder fernhalten. Es macht Jesus wütend, daß die Kinder in Bedrängnis geraten, auch noch in seinem eigenen Kreis. Denn es ist gerade seine Absicht, daß die Menschen, also auch Kinder, Raum haben sollen. Was hier passiert, ist das genaue Gegenteil von dem, was er die Menschen lehren will. Er will zeigen, daß bei Gott der, der zurückbleibt, vorgelassen wird; daß der, der in Bedrängnis geraten ist, Raum bekommt, und wer sich nicht selbst retten kann, Hilfe erhält.

Jesus bringt seinen Jüngern eine Lektion bei, die unter die Haut geht. Er sagt nicht nur: „Die Kinder gehören auch dazu." Soviel Verständnis können sie vielleicht noch aufbringen. Jesus geht viel weiter. Er läßt sie über sich selbst nachdenken: „Du solltest dich mal als so ein Kind sehen. Kinder schaffen es nicht alleine, sie sind angewiesen auf Liebe und Fürsorge. Und du, der du denkst, daß du es alleine schaffst und dich wichtig machst, worauf bist du aus? Wie kannst denn du die Liebe und Fürsorge Gottes empfangen?"

Markus 10,13-16

Macht Platz für die junge Dame

Heute haben die Menschen frei. Sie sind zu Jesus gegangen. Sie wollen seine Geschichten hören. Die Kinder spielen am See. Sie spielen „Wer den Stein am weitesten wirft". Ein kleiner Junge sagt: „Meine Mutter ... meine Mutter sagt, daß Jesus kein normaler Mensch ist, sondern ein Mensch von Gott."

„Er macht Wunder", sagt ein anderer Junge. „Mein Vater sagt, daß er sie mit den Händen macht."

Das älteste Mädchen steht auf. „Weißt du, was ich möchte? Ich möchte Jesus berühren. Vielleicht kann ich dann fliegen oder zaubern?"

„Ha, ha ..." Die anderen Kinder lachen. „Du denkst dir immer solche verrückten Sachen aus."

„Ich gehe hin", sagt das Mädchen.

„Ich auch, ich auch", rufen die beiden Jungen. Die anderen Kinder gehen nicht mit. Sie wollen lieber weiterspielen.

Die Kinder gehen am See entlang, bis zu der Menschengruppe. Es stehen so viele Leute um Jesus herum, daß sie nicht einmal seine Haare sehen können. Jesus spricht über das Land Gottes. Die Kinder sehen auf die Beine der Menschen. Sie versuchen, hindurchzukriechen. „He, was macht ihr da?" rufen die Freunde von Jesus. Zwei Männer nehmen die Kinder beim Arm. „Los, weg mit euch! Das hier ist für Erwachsene, nicht für kleine Kinder."

„Aber ich will etwas fragen!" ruft das Mädchen.

„Wer will etwas fragen?" sagt Jesus.

„Ach nichts, es sind nur ein paar Kinder", sagt einer der Freunde von Jesus.

„Laßt sie doch herkommen", sagt Jesus. „Macht alle mal Platz für diese junge Dame."

Alle drei Kinder stehen jetzt um Jesus herum. „Jesus", fragt das Mädchen, „dürfen Kinder auch in dem Land Gottes wohnen?"

„Kinder", sagt Jesus, und er hebt das Mädchen auf seine Schultern, „vor allem Kinder dürfen im Land Gottes wohnen. Das Land Gottes ist nämlich genau das richtige für Kinder." Die Menschen sehen sich an. Vor allem das richtige für Kinder? Ein Herr wendet sich ab. Er hat überhaupt keine Lust mehr. Er mag Kinder nicht. Er findet sie kindisch und lästig und laut.

Den ganzen Nachmittag sitzen die Kinder bei Jesus, bis sie nach Hause gehen müssen. Als sie am See entlang zurückgehen, warten ihre Freunde auf sie.

„Wie war Jesus?" will einer wissen.

„Er war nett", sagt der kleinste Junge.

„Er war ... ja, er war schön", sagt der ältere Junge.

Die Kinder sehen jetzt das Mädchen an. Das Mädchen sagt: „Er war ... er war nett, und

Markus 10,13-16

er war schön. Und er war wirklich von Gott."
„Wie konntest du das sehen?" wollen die Kinder wissen.
„Das konnte ich nicht sehen. Das weiß ich einfach."

Die Kinder, die nicht mitgegangen waren, sehen sich an. Jetzt wollen sie Jesus auch gern einmal sehen. „Morgen gehen wir auch zu Jesus", sagt einer. Sie nicken alle. „Ja, morgen gehen wir auch!"

Bereit zum Risiko?

Erläuterung zu „Ein sehr reicher Mann"

Wenn es der Wirtschaft einigermaßen gut geht, fangen die meisten Menschen an zu sparen, um für später Sicherheit zu haben. Sparen für das Alter, sparen für das Studium der Kinder. Was in aller Welt gibt den Menschen mehr Sicherheit als Geld und Besitz?

Der reiche Mann in dieser Geschichte ist nicht etwa nur ein Geldprotz. Er ist ein Mensch mit guten Absichten. Er hat schon viele gute Taten vollbracht. Was also steht seinem Leben mit Gott im Weg? Mit dieser Frage geht er zu Jesus. Die Antwort ist klipp und klar: „Verkaufe, was du besitzt, verschenke dein Geld und folge mir." Da stellt sich heraus, daß das für diesen Mann nicht möglich ist. Sein Besitz ist seine Sicherheit. Er ist davon abhängig. Er klammert sich daran und wagt es nicht, loszulassen und sich auf den Weg Jesu zu wagen.

Der reiche Mann kann es nicht. Wer kann es überhaupt? Wer hat ein so großes Gottvertrauen, daß er Jesus folgen kann? Er ist auf dem Weg nach Jerusalem. Die religiösen Führer dieser Stadt sind ihm nicht wohlgesonnen. Er hat schon mit seinen Freunden darüber gesprochen, was ihn dort wohl erwartet.

Es gibt Männer und Frauen, die ihm trotzdem folgen, sie gehen nicht auf Nummer Sicher. Alles haben sie aufgegeben, alle ihre Sicherheiten haben sie zurückgelassen. Diese Jünger sind ein Vorbild für diejenigen, die das Evangelium des Markus hören oder lesen. Sie haben es nicht leicht im Römischen Reich. Wenn sie Jesus folgen wollen, kann es sie all ihre materiellen Sicherheiten kosten, Geld, Macht, Ansehen; sie können sogar ihr Leben verlieren.

Diese Geschichte stimmt traurig. Die Jünger reagieren niedergeschlagen. Auch die Kindergeschichte endet nicht fröhlich. Man muß sich bewußt dafür entscheiden, Jesus zu folgen, und nicht jeder tut das. „Haben die Menschen, die das nicht tun, also gar keine Beziehung mehr zu Gott?" fragen die Jünger betrübt. „Aus Sicht der Menschen schon", sagt Jesus. „Aber wie Gott das sieht, ist eine andere Frage. Bei ihm ist alles möglich." Mit anderen Worten: Wir müssen uns nicht mit den Entscheidungen anderer und deren Konsequenzen befassen. Wir haben genug zu tun mit dem, was uns selbst von einer Entscheidung für den Weg Jesu zurückhält.

Markus 10,17-27

Ein sehr reicher Mann

Am See von Galiläa wohnt ein Mann. Ein sehr reicher Mann. Er ist mit Jesus gut befreundet. Und Jesus ist gut mit ihm befreundet. Der Mann wohnt in einem wunderschönen Haus. Mit großen Zimmern, in denen man herrlich herumtanzen kann. Und mit einer großen Badewanne, in der ruhig mal das Wasser über den Rand schwappen darf. Alle Wände der Zimmer sind bemalt, mit grünen Pflanzen und Wildenten dazwischen. Die Enten sind so ordentlich gemalt, daß man denkt, daß sie echt sind. Auch der Fußboden ist bemalt, mit Delphinen, die im Wasser spielen.

Der reiche Mann ist sehr beschäftigt. Den ganzen Tag muß er aufpassen, daß keine Diebe kommen, daß die Fußbodenbemalung nicht schmutzig wird und daß das Dach nicht leckt. Auch muß er dafür sorgen, daß seine Knechte arbeiten und nicht faulenzen. Am Abend muß er das Geld nachzählen, das er am Tage verdient hat.

Manchmal, wenn er besonders viel verdient hat, geht er zu der Straße mit den Bettlern. Er gibt allen Bettlern etwas Geld. Die armen Menschen verbeugen sich und danken ihm. „Das ist doch so ein netter Mann", sagen sie.

Weil der reiche Mann soviel Geld verschenkt, ist jeder nett und höflich zu ihm. Wenn Passanten ihm unterwegs begegnen, verbeugen sie sich tief und sagen: „Guten Morgen, reicher Mann."

Heute ist der reiche Mann bei seinem Freund Jesus zu Besuch. Er hört gerne den Geschichten zu, die Jesus erzählt. Am liebsten wäre er immer in seiner Nähe, und er würde gerne mit ihm im Land Gottes wohnen, als Nachbar oder so. Dann könnte er ihn jeden Tag sehen.

Der reiche Mann sagt zu Jesus: „Ich möchte so gerne zusammen mit dir im Land Gottes wohnen. Was muß ich dafür tun?"

Jesus sagt: „Verschenke alles, was du hast, an Bettler und an arme Menschen. Dann gehe mit mir. Du wirst arm sein, und der Freund aller anderen armen Menschen werden. Du wirst keine Sorgen mehr haben, und du wirst wichtige Dinge lernen."

Als er das hört, wird der reiche Mann ganz traurig. Er denkt an seine wunderschönen Wandmalereien mit den Enten, die wie echt aussehen. Er denkt an das schöne Bild mit den Delphinen auf dem Fußboden. Und er denkt an die Badewanne, in der man so herrlich planschen kann. Dann sieht er zu Jesus hinüber und zu allen Freunden und Freundinnen von Jesus, die immer in seiner Nähe sind. Der eine, ein Fischer, schmatzt, wenn er seine Suppe ißt. Und der andere hat so komische Flecken im Gesicht. Er sieht auf ihre Kleider. Ganz normale Kleider. Der reiche Mann denkt an seine eigenen schönen Kleider. Er denkt an sein weiches Bett. Und an alle wichtigen Leute, die ihn grüßen, weil er so reich ist.

Jetzt ist er sich ganz sicher. Er möchte lieber

Markus 10,17-27

reich sein, als mit Jesus zu gehen.
„Ich gehe nicht mit", sagt er zu Jesus. „Ich gehe nicht mit in dein Land Gottes."
Sie nehmen Abschied. Der reiche Mann geht nach Hause zurück. Er läßt die Badewanne vollaufen. Ziemlich still sitzt er im Wasser, denn auf lustiges Planschen hat er heute keine Lust.

Markus 10,46-52

Der Ruf gegen das Unrecht wird erhört

Erläuterung zu „Bartimäus kann nur betteln"

Auf dem Schulhof lehnt ein Junge an einer Mauer. Er gehört zu keiner der Cliquen in seiner Klasse. Es gibt eine Gruppe von Jungen, da wäre er gerne dabei. Aber das ist unmöglich. Er trägt die falschen Turnschuhe, und sein Vater weigert sich, ihm andere zu kaufen. Hinter seinem scheinbar gleichgültigen Gesichtsausdruck verbirgt sich das beschämende Gefühl, das zeitlos ist: zu wissen, daß man ausgeschlossen ist.

Bartimäus wird ausgeschlossen, weil er blind ist. Er kann sich nicht auf ein Gleichbehandlungsgesetz berufen, denn das Gesetz schreibt gerade die Ungleichbehandlung vor. Blinde sind vom religiösen und gesellschaftlichen Leben ausgeschlossen.

In dieser Geschichte herrscht aus religiösen Gründen viel Verkehr auf dem Weg nach Jerusalem. Ostern steht bevor, und zu diesem Pilgerfest ziehen die Menschen von überall her in die Tempelstadt. Ein blinder Bettler weiß, wo er in diesen Tagen zu sein hat: am Rande des Weges, über den die Pilger ziehen. Da gibt es etwas zu verdienen.

Menschen können sehend blind sein. Dann haben sie keine Einsicht in Dinge, die eigentlich sonnenklar sind. In dieser Geschichte ist es gerade der Blinde, der die Einsicht hat. Er „sieht" als einziger, wer Jesus ist. Als Bartimäus Jesus vorbeigehen hört, fängt er laut zu rufen an. „Sohn Davids!" schreit er. „Jesus! Erbarme dich meiner!"
Dieser Hilferuf ist ein Appell an die Hilfe Gottes. „Herr, erbarme dich". Mit diesen Worten wird Gott angerufen, durch die Jahrhunderte. Es ist eine Anklage gegen das Unrecht dieser Welt.

„Gott, bist du blind? Siehst du denn nicht, wieviel gelitten wird? Erbarme dich doch!"
So eine Klage klingt häufig unangenehm. Es gibt Menschen, die sich fragen, ob man so gegen Gott wüten warf. Menschen, die Bartimäus nahelegen, seinen Mund zu halten. Aber Jesus hört sehr wohl auf seinen Hilfeschrei. Er zeigt, daß Gott nicht taub ist gegen den Ruf nach Erbarmen.

Auffallend ist die Bewegung, die Markus dieser Geschichte gibt. Eine Pilgergruppe ist unterwegs, man sieht sie förmlich vorbeigehen. Jesus ist in ihrer Mitte. Plötzlich wird alles still. Jesus bleibt bei dem einen stehen, der am Wegesrand sitzt. Er ruft ihn zu sich. Wir sehen, wie der Blinde sich bewegt und aufspringt, hin zu Jesus. Er kann sehen! Dann geht die Prozession weiter. Und der eine, der geht auch mit.

So faßt Markus die Botschaft der vorangegangenen Geschichten zusammen, und er gibt einen Ausblick auf das Kommende. Denn der Schritt vom Ausgeschlossensein zur Zugehörigkeit ist der Schritt vom Tod zum Leben.

Markus 10,46-52

Bartimäus kann nur betteln

Bartimäus ist blind. Und das ist schade. Weil Bartimäus blind ist, darf er nirgends mitmachen. „Dagegen kann man nichts tun", sagen die Menschen zu ihm. „Du bist blind, das ist eben so."

Bartimäus steht am Wegesrand. Er bettelt. Wenn er jemanden kommen hört, streckt er seine Bettlerschale aus. „Seid so freundlich", ruft er, „eine Münze für diesen armen Bettler."

Markus 10,46-52

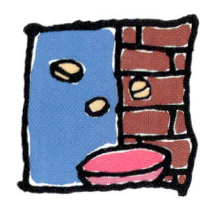

Zum Glück gibt es viele freundliche Menschen. Sie nehmen eine Münze aus ihrer Tasche und legen sie in die Bettlerschale.
„Danke vielmals", sagt Bartimäus dann. „Gott wird euch nicht vergessen!" Vier von diesen Geldstücken braucht Bartimäus für ein Brot. Er tastet in seine Bettlerschale. Er hat schon drei. Der Kies knirscht. Bartimäus spitzt seine Ohren. Knirschen, das bedeutet, daß da Menschen gehen. „Seid so freundlich", ruft Bartimäus, und er streckt seine Bettlerschale aus. Jetzt hört er auf einmal viele Stimmen.
„Was ist los?" fragt Bartimäus. „Jesus kommt", sagt ein Mädchen.
„Jesus?" fragt Bartimäus. „Bist du ganz sicher?"
„Ja, ich sehe es selbst", sagt das Mädchen.
„Er kann mich bestimmt gesund machen", ruft Bartimäus. „Das steht fest. Dann kann ich wieder sehen, und dann darf ich überall mitmachen!"
Als die Stimmen immer näherkommen, beginnt Bartimäus zu rufen:
„Jesus, hilf mir doch! Jesus, hilf mir doch!"

„Sei doch ruhig, Bettler", sagen die Menschen. Irgend jemand wirft noch ein Geldstück in seine Schale. Bartimäus vergißt ganz, sich zu bedanken.
„Jesus!" ruft er.
„Komm nur zu mir", sagt Jesus.
Bartimäus stellt seine Bettlerschale ab.
„Los, zeig, was du kannst!" ruft das Mädchen.
Bartimäus geht ein paar Schritte vor.
„Was ist mit dir, Bartimäus?" fragt Jesus.
„Ich will sehen", sagt Bartimäus. „Ich will mitmachen mit den anderen. Ich will nicht immer nur am Wegesrand sitzen und rufen: ‚Seid so freundlich, eine Münze für diesen armen Bettler.'"
„Dann gehe mit mir", sagt Jesus, „denn das Land Gottes ist auch für dich da."
Bartimäus öffnet seine Augen. Er kann sehen. Er vergißt seine Bettlerschale. Er folgt Jesus und seinen Freunden. „Deine Bettlerschale!" ruft das Mädchen.
„Laß sie nur stehen", ruft Bartimäus zurück, „denn im Land Gottes gibt es keine Bettler, da bin ich sicher."

Im vollen Licht

Erläuterung zu „Ein König, vor dem niemand Angst hat"

Wie feiert man ein Fest mit jemandem, der im Sterben liegt? Es hat etwas furchtbar Widersprüchliches. Einerseits ist da die aufrichtige Freude über einen denkwürdigen Anlaß. Andererseits wirft die Trauer über das Bevorstehende seine Schatten voraus.

Dieselbe Zwiespältigkeit kennzeichnet die Geschichte über den Einzug Jesu in Jerusalem. Markus läßt darüber keine Mißverständnisse aufkommen. Der Weg nach Jerusalem bringt Jesus dem Ende näher. Diese Drohung ist immer gegenwärtig.

Zugleich wird der Einzug Jesu in die Stadt als ein Fest geschildert, das gefeiert werden sollte. Wie ein König läßt er sich empfangen und zujubeln.

Es ist, als ob in einem dunklen, wolkenverhangenen Himmel die Sonne kurz durchkommt: Jesus im vollen Licht. Jeder darf es sehen, Jesus ist der König im Königreich Gottes.

In den bisherigen Geschichten hat das Königreich Gottes eine wichtige Rolle gespielt. In den Kindergeschichten heißt dieses Königreich „das Land Gottes". Jesus erzählte davon und fügte die Tat zum Wort hinzu. Er zeigte, was es für Menschen bedeuten kann, zu diesem Königreich zu gehören.

Dabei ging es immer darum, daß Menschen zu ihrem Recht kommen.

Oft war das Auftreten Jesu überraschend, ganz anders als seine Freunde oder seine Widersacher erwartet hatten. Das ist auch jetzt der Fall.

Bis jetzt wirkte Jesus so unauffällig wie möglich. Wenn jemand seine Größe und sein Königtum erahnte, verbot er ihm, mit anderen darüber zu reden. Aber jetzt, wo es darauf ankommt, in Jerusalem, taucht er nicht länger unter. Im Gegenteil, er tritt ins Rampenlicht. Auf überraschende Weise, denn auch sein Königtum ist von einer anderen Art, als man es sonst von Königen erwartet. Er kommt ohne Pferde und klirrende Waffen, sondern auf einem kleinen Esel und wird von Menschen empfangen, die mit Zweigen winken. So wird sichtbar, daß das Königreich Gottes ein Reich des Friedens und der Gerechtigkeit ist. Für Pferde und Schwerter ist da kein Platz.

Markus 11,1-10

Ein König, vor dem niemand Angst hat

Jesus und seine Freunde gehen in die Stadt Jerusalem, um dort das Osterfest zu feiern. Es ist das Fest der flachen Brote. Das ist ein richtig großes Fest, viel größer als das Neujahrsfest. Und sogar ein viel größeres Fest als der eigene Geburtstag.
Jesus und seine Freunde sind in der Nähe von Jerusalem. Sie reden über den König, der in Jerusalem wohnt.

„Ich finde, der König in unserem Land ist genau so dumm wie früher der Pharao aus dem Land Ägypten", sagt Levi.
„So sehe ich das auch", sagt Bartimäus.
„Und unser Kaiser ist auch nicht schlauer", sagt Maria.
„Was wir brauchen", sagt Simon, „ist ein anderer König. Ein König, der nett ist zu seinem Volk. Ein König, der dafür sorgt, daß man keine Angst vor den Soldaten des Kaisers haben muß. Ein König, der dafür sorgt, daß niemand Hunger hat. Ein König, der keinen Krieg anfängt, in dem Menschen sterben."
„Was wir brauchen, ist ein König wie Jesus", sagt Elisabeth.
„So ist es!" Alle Freunde nicken. Wenn Jesus König wäre, würde alles in der Welt anders gehen. „Jesus", sagen sie, „du mußt unser König werden!"
Ein Stück weiter, bei einem Häuschen, sehen sie einen Esel stehen, und eine Frau arbeitet dort. „Liebe Frau!" rufen sie. „Dürfen wir deinen Esel ausleihen? Wir werden ihn ganz bestimmt wiederbringen."
Die Frau schaut zu Jesus. „Es ist in Ordnung", sagt sie.
Schnell geht sie in Haus. Sie nimmt ihren schönen, bunten Schal, den sie nur an Feiertagen trägt.
„Es wird etwas Besonderes passieren", sagt die Frau zu ihrem Mann. „Ich fühle es einfach." Sie läuft hinter Jesus und seinen Freunden her.

Die Freunde bringen den Esel zu Jesus. Jesus steigt auf. Die Frau hüllt ihn in ihren Schal ein. Es sieht aus wie ein Königsmantel. Dann gehen die Freunde und die Frau mit einer großen Menschenmenge durch das Tor von Jerusalem. Der Esel mit Jesus darauf ist in ihrer Mitte. Die Menschen am Straßenrand beginnen zu jubeln. „Hurra für den neuen König", wird gerufen. Immer mehr Menschen stellen sich an die Straße, um zu klatschen und zu jubeln. Aber es gibt auch Menschen, die den Kopf schütteln. „Ein König auf einem Esel?" rufen sie. „Das bringt doch nichts. Vor einem König auf einem Esel hat niemand Angst. Und der Kaiser schon gar nicht. Nein, so einen König wollen wir nicht!" Als die Menschen das hören, hören sie auf zu klatschen und zu jubeln.
„Die haben recht", sagen sie sich. „Das wird doch nichts mit so einem König."

Markus 11,1-10

Und sie gehen wieder nach Hause. Nur ein Mädchen steht noch am Straßenrand. „Ich finde aber, daß du ein sehr guter König bist", sagt sie. „Hurra für den lieben König! Hurra für den König, vor dem niemand Angst hat!"

Markus 14,1-11

Sie hat Jesus Gutes getan

Erläuterung zu „Dinge, über die man lieber nicht spricht"

„Es ist nur ein Tropfen auf dem heißen Stein."
Dieser oft gehörte Ausdruck zieht den Nutzen guter Taten in Zweifel. Was bringt denn die Hilfe, die ein einzelner Mensch zu geben vermag? Davon wird die Welt gewiß nicht besser werden.

Ein jüdisches Sprichwort lautet: Wer einen Menschen rettet, rettet die ganze Welt. In dieser Tradition steht Jesus, als er auf die Frau reagiert, die kostbares Öl über ihn gießt.
Augenscheinlich ist es eine sinnlose Tat, teures Öl zu verschwenden. Aber es ist eine gute Tat. „Diese Frau hat mir Gutes getan", sagt Jesus. Ihre Geste ist sinnvoll. Das Gute muß getan werden, einfach weil es gut ist.

Diese Geschichte spielt ein paar Tage vor dem Tod Jesu. Sie erhält dadurch zusätzliches Gewicht. Gutes zu tun, hat das ganze Leben Jesu bestimmt und wird auch sein Ende bedeuten. Ein negativeres Resultat ist nicht denkbar. Dennoch war das Leben Jesu nicht vergebens, weil es gut war.

Die Salbung mit Öl ist in den biblischen Geschichten ein bekannter Begriff. Salbung ist ein Zeichen von Weihe. Die Priester und Könige des Volkes Israel werden als Zeichen ihrer besonderen Stellung gesalbt. Jesus wird auch „Christus" genannt. Das bedeutet „Der Gesalbte". Die Frau macht diesen Namen wahr, als sie ihn mit ihrem kostbaren Öl salbt.
Auch bei Beerdigungen ist die Salbung mit Öl gebräuchlich. Wenn jemand gestorben ist, wird er gewaschen, gesalbt und in Leinentücher gewickelt.

Diese Geschichte gibt zu denken. Manchmal erhält jemand auch nach seinem Tod die Anerkennung und Aufmerksamkeit, auf die er während seines Lebens verzichten mußte. Wäre es nicht möglich, nicht erst auf den Kranz am Sarg und die Totenrede zu warten? Wäre es nicht eine gute Idee, diese Blume jetzt schon zu überreichen, die lieben Worte jetzt schon zu sagen? Einfach weil es gut ist.

Dinge, über die man lieber nicht spricht

Ganz in der Nähe von Jerusalem liegt das Dorf Armenhausen. Heute abend ist Jesus dort zu Besuch, zusammen mit allen Menschen, die mit ihm gegangen sind, wie zum Beispiel Levi und Bartimäus und Maria und Elisabeth. Und all die anderen, die seine Geschichten hören wollen.
Jesus und seine Freunde sind arm. Sie haben kein Geld, um Essen zu kaufen. Sie essen immer bei Menschen, die sagen: „Kommt heute abend zu uns. Vielleicht ist jemand mit einer Flöte oder einer Harfe da. Dann machen wir zusammen etwas Musik."

So geht es auch heute abend. Jesus und seine Freunde sind in Simons Haus. Simon ist häßlich. Sein Gesicht ist voller Narben. Er war früher krank.
Simon läuft durch sein Haus. Ist denn wirklich genug da? Seine Augen sind fröhlich. Früher kam nie jemand, um ihn zu besuchen. Die Menschen hatten Angst vor seinem häßlichen Gesicht. Aber seit Jesus zu ihm nach Hause kommt, besuchen ihn die Menschen auch.
Jesus und seine Freunde sind beim Essen. Es gibt Schaffleisch, Datteln und Wein. Alle sind fröhlich. Es sind viele da, und sie sind alle gute Freunde.
Auf einmal kommt eine Frau herein, die sie nicht kennen. Die Menschen hören auf zu essen. Was macht die Frau da? Simon will schon aufstehen. Er ist ein bißchen böse. Er findet es nicht in Ordnung, daß sie einfach so hereinkommt. „Wir sind gerade beim Essen", sagt er. Die Frau kümmert sich nicht um Simon. Sie geht zu Jesus. In ihrer Hand hat sie eine kleine Flasche. Sie nimmt den Stöpsel ab. Langsam leert sie die Flasche über Jesu Kopf aus. Das ganze Zimmer fängt an zu duften, nach Lilien, Rosen und Veilchen. Es ist ein teures Öl, das da in der kleinen Flasche war. Man benutzt es nur bei Hochzeiten oder bei ganz besonderen Gelegenheiten.
Die Freunde von Jesus machen große Augen. „Schade um das Geld", sagt einer. „Was das wohl alles gekostet hat!" sagt ein anderer. „So eine Flasche kostet bestimmt zehn Silberlinge. Davon hätten hundert Menschen etwas zu essen gehabt, hundert arme Menschen, so wie wir." Es wird ganz still im Zimmer. Jeder schaut auf Jesus. Was wird er dazu sagen?
„Es ist gut, was sie getan hat", sagt Jesus zu seinen Freunden. „Sie hat teures, duftendes Öl über mich gegossen. Gerade so, als ob sie wüßte, daß ich nicht mehr lange bei euch sein werde. Gerade so, als ob sie wüßte, daß etwas Außerordentliches passieren wird. Sie hat mir das Öl für mein Begräbnis gegeben."
Alles schweigt. Es ist jetzt so still im Zimmer, daß man hört, wie die Menschen atmen. Jemand flüstert: „Begräbnis? Begräbnis? Aber Jesus wird doch nicht sterben?"
Die Menschen haben nicht mehr soviel Lust zu essen. Sie haben jetzt Angst. Sie wollen nicht

Markus 14,1-11

an den Tod denken. Sie wollen nicht über den Tod sprechen. Sie wollen überhaupt nicht, daß ihr Freund Jesus stirbt. Simon rutscht auf seinem Stuhl hin und her. Er möchte, daß sie über etwas anderes reden. „Habt ihr schon meine Feigen probiert?" fragt er.

Alle kosten von den Feigen.
Zum Glück kommt jemand mit einer Harfe und ein anderer mit einer Flöte. Sie singen alle zusammen.
Die Frau ist weg. Und die Worte Jesu haben die Menschen schon wieder vergessen.

Verbundenheit und Einsamkeit

Erläuterung zu „Eine Reise durch das Land des Todes" und „Ganz allein"

Tief im Inneren ist der Mensch allein. Im täglichen Leben erfahren wir das nicht so, aber schon, wenn einschneidende Dinge passieren. Wenn zum Beispiel ein großer Verlust oder eine schwere Krankheit verarbeitet werden muß. Dann entdecken Menschen oft, daß sie tief im Inneren allein sind. Auch wenn sie von guten Freunden umgeben sind, die ihnen viel bedeuten.

Die Bedeutung des Freundeskreises, der Jesus umgibt, ist groß. Das zeigt sich vor allem am Abend, an dem sie zum letzten Mal gemeinsam das jüdische Osterfest feiern. An diesem Abend läßt Jesus seine Freunde daran teilhaben, was in ihm vorgeht. Er tut das auf ganz besondere Weise.

Als die Freunde zusammen essen, gedenken sie, wie an Ostern üblich, des Todes und der Sklaverei in Ägypten und der Befreiung daraus. Das passiert auf ganz fühlbare Weise, indem sie spezielle Gerichte, die an das Leben in Ägypten erinnern, essen und Wein trinken. So ist das Elend, aber auch die Befreiung, ganz nahe. Beim Essen der flachen (ungesäuerten) Brote, die auf der Flucht aus Ägypten mitgenommen wurden, erinnern sie sich an das Elend. Beim Trinken des Weines glüht ihr ganzer Körper vor Freude über die Befreiung.

Auf ähnlich fühlbare Art bringt Jesus sein bevorstehendes Ende und seinen Tod ganz nahe. Aber er bereitet seine Freunde auch auf die Befreiung und auf den Weg über den Tod hinaus vor, indem er sagt: „Dieses Brot bin ich, dieser Wein bin ich."
Nie mehr werden seine Freunde das Brot essen und den Wein trinken können, ohne sich mit Jesus und seinem Leben verbunden zu fühlen. Sogar der Tod kann ihnen diese Erinnerung nicht mehr nehmen. Dieses Ostermahl ist ein Mahl der tiefen Verbundenheit miteinander, mit Jesus, mit Gott.

Trotz der Verbundenheit mit seinen Freunden geht Jesus seinen Weg allein. Niemand ist in der Lage, bei ihm zu bleiben. Sogar Simon, auch Petrus genannt und einer der ersten Jünger, verläßt ihn im letzten Moment. Markus erzählt das so, daß deutlich wird, warum es für die Menschen unmöglich war, Jesus beizustehen.

Im Garten von Gethsemane ist Jesus von den Menschen verlassen. Jetzt kommt es darauf an, daß er wahr macht, was er immer gesagt hat: Wage es mit Gott. Er hat Vertrauen zu Gott, aber dieses Vertrauen ist nicht ohne Kampf. Jesus hat Angst und ruft Gott, als die Gefühle übermächtig werden. Trauer, Angst und Widerstand münden schließlich in Hingabe. Mit Vertrauen geht er seinem Ende entgegen.

Markus 14,17-25

Eine Reise durch das Land des Todes

Jesus und seine Freunde sitzen am Tisch. Heute abend ist das Osterfest. Das Fest der flachen Brote. Sie feiern, daß vor sehr langer Zeit die Urururgroßmütter und -väter aus Ägypten geflohen sind.

Als das Flache-Brote-Fest beginnt, sagen die Menschen zueinander: „Weißt du noch, wie wir früher mit Gott aus Ägypten weggelaufen sind? Weg von dem Pharao, der uns arbeiten ließ, ohne daß wir etwas dafür bekamen. Und erinnerst du dich noch an den Abend, an dem wir geflohen sind? Wir hatten so wenig Zeit, den Teig zu kneten und zu backen, daß die Brote ganz flach wurden, so flach wie dieses Brot hier." Sie halten die flachen Brote in die Höhe. Die Menschen am Tisch lachen und trinken zusammen. Sie reden darüber, wie stark und gut ihr Gott ist. Und sie erzählen über Ägypten, als wären sie selbst dort gewesen. Aber das ist nicht so, denn es ist alles sehr lange her.

Der Tisch ist schön gedeckt, voll mit Gemüse und Dingen, die sie nur bei diesem besonderen Fest essen. Auch der Wein steht auf dem Tisch, ein sehr guter Wein, den sie lange aufgehoben haben, um ihn heute zu trinken. Die flachen Brote liegen mitten auf dem Tisch. So kann man sie gut sehen.

Das Flache-Brote-Fest ist ein fröhliches Fest. Die Freunde von Jesus sind froh, daß Jesus wieder soviel lacht. Dann redet er wenigstens nicht übers Sterben, denn das ist nicht lustig. Sie trinken Wein. „Prost", sagt Simon. „Wir trinken, um zu feiern, daß Gott und die Menschen gute Freunde sind."

Das Glas von Jesus ist leer. Simon will es wieder vollschenken. „Ich werde noch etwas einschenken, um zu feiern, daß wir alle Freunde sind."

Aber Jesus legt seine Hand über das Glas. „Nein", sagt er, „das war mein letztes Glas Wein hier."

„Dein letztes Glas Wein?" fragen seine Freunde erstaunt. „Gehst du denn weg?"

Sie hören auf zu essen. Sie schauen alle zu Jesus. Der sieht sehr ernst aus. Er sagt: „Gleich wird man mich verhaften. Denn es gibt Menschen, die nicht meine Freunde sind. Sie werden zu den Soldaten des Königs gehen und sagen, daß ich der König in diesem Land werden will. Die Soldaten werden kommen und mich mitnehmen. Danach werden sie mich töten."

„Töten?" Die Freunde sind erschrocken. Wer redet denn so etwas? Jesus sitzt hier doch ganz normal am Tisch!

„Warum sprichst du bloß die ganze Zeit übers Sterben?" fragen sie. „Du bist doch nicht alt und auch nicht krank. Und wir sind bei dir. Wenn die Soldaten kommen, dann halten wir sie auf. Hab´ doch keine Angst!"

Jesus schüttelt den Kopf. „Wenn ich sterbe", erklärt er, „werde ich durch das Land des Todes reisen. Drei Tage wird die Reise dauern."

Markus 14,17-25

„Es wäre mir viel lieber, wenn du hier bleibst", sagt Simon.

„Wir werden dich nie wiedersehen", rufen die anderen erschrocken.

„Aus dem Land des Todes kommt nie jemand zurück."

„Aber ich schon", sagt Jesus. „Wenn ich durch das Land des Todes gegangen bin, werde ich zurückkommen. Dann werde ich noch kurz bei euch sein, um mich zu verabschieden." Die Freunde Jesu sitzen betreten und schweigend am Tisch. Sie denken nach über das, was Jesus sagt.

Alle Menschen sterben, denken sie. Aber man weiß nicht, wann. Jesus weiß es. Die Freunde schütteln ihren Kopf. So sehr sie sich auch Mühe geben, sie verstehen nicht, was Jesus sagt. Sie können nicht durch die Zeit in die Zukunft sehen. Zum Glück. Sie fangen wieder an zu essen.

Ganz allein

In der Nähe von Jerusalem ist ein Garten. Der Garten von Gethsemane. Tagsüber kann man die Blumen sehen mit ihren bunten Farben. Sogar wenn man sie nicht sehen kann, weiß man, daß da viele Blumen sind. Man kann es riechen. Ein Duft nach Rosen, Lilien und Veilchen. Aber jetzt ist es Abend. Es ist dunkel.
Man kann die Blumen nicht mehr sehen und nicht mehr riechen. Sie haben ihre Blütenblätter geschlossen. Es ist still, das einzige, was man hören kann, ist der Gesang der Nachtigall, die in einer Ecke des Gartens ihr Nest hat.
Im Garten sitzen Leute. Es sind Jesus und seine Freunde. Simon sitzt neben Jesus. Er schmiegt sich dicht an ihn. Er ist mein bester Freund, denkt Simon. Und er sagt zu Jesus: „Wenn sie dich gefangennehmen und töten, dann gehe ich mit. Ich bin dein Freund. Ich lasse dich nicht allein. Ich gehe mit dir durch das Land des Todes."
Jesus sieht seinen Freund Simon an. „Du bist wirklich ein Freund", sagt Jesus. „Aber ich gehe allein. Du kannst nicht mitkommen. Ich muß allein durch das Land des Todes gehen."
„Aber ich will mitgehen. Ich bin dein Freund!" ruft Simon.
„Das weiß ich", sagt Jesus. „Aber manchmal muß man etwas allein machen. Dann geht es nicht anders. Deswegen werde ich allein durch das Land des Todes reisen. Aber nach drei Tagen werde ich heimkehren, zu meinem Vater."
„Dein Vater?" fragt Simon.
„Ich meine zu Gott. Der ist auch mein Vater. Wenn ich bei meinem Vater gewesen bin, dann komme ich zurück. Nur kurz, um mich von euch zu verabschieden. Dann gehe ich wieder fort."
Simon nickt. „Ja, das hast du schon gesagt."
Er sitzt weiter neben Jesus. Er will in seiner Nähe bleiben. Simon gähnt. Es ist ja auch schon spät. Er kämpft gegen den Schlaf. Er sperrt die Augen so weit wie möglich auf. Aber es hilft nichts, der Schlaf ist stärker als Simon. Er träumt von seinem Freund Jesus, der auf den Wolken sitzt. Jetzt sieht er herunter. Er winkt!

Markus 14,32-50

Simon schläft ganz tief und fest. Genau wie die anderen Freunde. Jesus ist der einzige, der die Soldaten kommen sieht. Die Soldaten ergreifen Jesus. Sie binden seine Hände fest, und als die Freunde aufwachen, geht Jesus ganz allein zwischen den Soldaten. Sie bringen ihn zum Gefängnis. Niemand geht mit ihm.

Eine Sackgasse?

Erläuterung zu „Ein König am Kreuz"

Wer Gutes tut, dem widerfährt Gutes. So sollte es sein, das wäre gerecht. Aber in der Wirklichkeit ist das meist nicht so. Guten Menschen widerfährt nur allzuoft Unrecht.

Die ergreifenden Bibelgeschichten über den Scheinprozeß gegen Jesus und die Vollstreckung des Todesurteils zeugen von großer Ungerechtigkeit. So geht es in unserer Welt zu. Ein Mensch, der im Einklang mit Gottes Absichten lebt, der konsequent den Weg der Liebe und des Guten geht, solch ein Mensch wird verurteilt und gekreuzigt.

Der Weg der Liebe und der Güte, des Gottvertrauens und der Gerechtigkeit scheint in der Geschichte über die Kreuzigung Jesu in einer Sackgasse zu enden. Dennoch wird dieser Weg durch Markus als ein Königsweg beschrieben. Das wird in einer recht bitteren Art und Weise ausgedrückt: die Verspottung Jesu mit einer Dornenkrone und einem Königsmantel durch die Soldaten, die ihn bewachen müssen.

Die Schuld, die Jesus durch die Autoritäten zur Last gelegt wird, ist seine vermeintliche Ambition für das Königtum. Am Kreuz zeigt Jesus, daß er wirklich ein König ist. Er ist nicht abgewichen vom geraden Weg. Auch nicht, als dieser zum Tode führte. Am Kreuz gibt es einige, die sagen: „Andere hat er gerettet, sich selbst kann er nicht retten." Sie treffen den Nagel auf den Kopf. Um sich selbst zu retten, hätte Jesus vom königlichen Weg abweichen müssen. Er hätte dem Bösen nachgeben müssen. Das hat er nicht getan. Er ist beim Guten geblieben.

Auf diese Art kann man auch Kindern von der Kreuzigung erzählen. Sie sammeln doch auch schon sehr früh Erfahrungen mit Dingen, die „ungerecht" sind. Gutes zu tun bringt auch für Kinder nicht immer die erwartete Belohnung. Dennoch ermutigen wir sie, trotz Enttäuschung und Widerstand, beim Guten zu bleiben. Denn es ist mit dieser Geschichte nicht zu Ende. Kreuzigung und Auferstehung können nicht voneinander losgelöst betrachtet und erzählt werden.

Markus 15,16-47

Ein König am Kreuz

Außerhalb der Tore von Jerusalem liegt Golgatha. Das ist der Ort, an den die Gefangenen gebracht werden. Sie werden dort an ein Kreuz gebunden, bis sie sterben.
Niemand geht gerne nach Golgatha, um sich das anzusehen. „Von Golgatha bekommt man böse Träume", sagen die Menschen.
Es ist früh am Morgen. Die Sonne ist gerade aufgegangen. In der Ferne kräht ein Hahn. Auf dem Feld von Golgatha ist es still, bis eine Gruppe Soldaten ankommt. Es sind Soldaten des Kaisers.
„Wieviele Gefangene müssen wir heute kreuzigen?" fragt ein Soldat den Hauptmann.
„Drei!" sagt der Hauptmann. „Zwei Mörder und einer, der Jesus heißt. Er hat gesagt, daß er König wird."
„Wirklich wahr?" lachen die Soldaten.
„Wirklich wahr", sagt der Hauptmann.
„Wer sagt denn bloß so etwas?"
Die Soldaten reden und machen Witze, keine sehr komischen Witze. Die Witze auf Golgatha sind immer so sauer wie Zitronen. Eine Gruppe von Leuten nähert sich. Es sind noch mehr Soldaten. Zwischen ihnen gehen drei Männer. Einer von ihnen ist Jesus. Alle drei Gefangenen tragen einen großen Holzpfahl, an den eine Querlatte genagelt ist. Ein Kreuz! Die Soldaten haben Speere in den Händen. „Weitergehen!" sagen sie zu den drei Männern. „Na los!"

Die drei Männer gehen gekrümmt. Die Kreuze sind schwer. Das Gewicht drückt auf ihre Rücken. Als sie auf dem Feld ankommen, ruft der Hauptmann: „Halt! Kreuze in den Boden!"
Die Soldaten graben drei Löcher. Dann greifen sie die drei Männer. Sie binden sie am Holz der Kreuze fest und richten die Kreuze gerade auf.
Die Soldaten haben nichts mehr zu tun. Sie langweilen sich. „He!" rufen sie dem mittleren Gefangenen zu, „du bist doch Jesus? Du wolltest doch König werden? Wir werden dir eine Krone aufsetzen, denn was ist schon ein König ohne Krone?"
Ein Soldat geht zu einem Dornbusch, der am Feldrand steht. Er schneidet ein paar Dornenzweige ab, die er zusammenflechtet, bis er eine Krone hat. Er drückt Jesus die Dornenkrone auf den Kopf. „So siehst du wenigstens wie ein König aus", spottet er.
Ein anderer Soldat macht ein Schild und schreibt darauf: „Hier hängt der König der Juden."
Am Ende des Tages stirbt Jesus. Der Hauptmann klettert auf eine Leiter. Er bindet die Seile los und hebt den Körper herunter. Er legt Jesus auf den Boden. Drei Menschen kommen herbeigelaufen. Es sind Freunde von Jesus. Ein Mann und zwei Frauen, die beide Maria heißen. Der Mann hebt Jesus auf und trägt ihn weg. Die Freunde gehen zu den Hügeln. Dort, zwischen den Felsen, begraben die Menschen ihre Toten.

Markus 15,16-47

„Hier ist ein Grab", sagt der Mann. Der Mann legt Jesus in das Grab. Vor dem Eingang liegt ein großer Stein, den sie zu dritt davorrollen.
Danach gehen sie nach Hause zurück, denn sie wollen daheim sein, bevor es dunkel wird.
Dann beginnt das Sabbatfest. Aber heute haben sie keine Lust zu feiern. Sie weinen um ihren Freund.

Markus 16,1-18

Jesus hat recht

Erläuterung zu „Es ist wirklich kaum zu glauben"

„Jetzt sehe ich es in einem ganz anderen Licht!"
Jemand ist zu einer neuen Einsicht gekommen. Eine neue Geschichte oder ein neues Ereignis wirft auf einmal ein völlig anderes Licht auf das, was zuvor geschehen ist.

Mit der letzten Geschichte in seinem Buch stellt Markus alles Vorhergehende in ein anderes Licht. Das Osterlicht fängt an zu scheinen in einem Moment, in dem es noch vollkommen dunkel ist, vollständig dunkel. Die Sonne muß noch aufgehen.
Auch im Leben der Frauen, die zum Grab Jesu gehen, ist es dunkel. Markus berichtet, daß sie bei Jesus waren, als er durch Galiläa zog, um den Menschen über das Leben nach Gottes Vorstellung zu erzählen. Diese Frauen haben gesehen, daß es wirklich möglich war, daß Menschen dazu gehörten, sie selbst sein konnten, daß ihnen recht getan wurde. Sie haben erlebt, daß Jesus weiterhin den Weg der Liebe ging, auch als er sich dadurch in Gefahr begab. Die Frauen waren da, als Jesus gekreuzigt wurde. Damit wurde für sie allem Guten, das er für sie bedeutet hatte, ein Ende gemacht. Sie haben ihn zu seinem Grab gebracht. Mit ihm haben sie ihren Glauben, ihre Hoffnung und ihre Liebe begraben. Es ist dunkel um sie. Genau dort, wo es am allerdunkelsten ist, im Grab, fängt das Licht zu leuchten an. Da ist ein Botschafter Gottes, der den Frauen erzählt, daß der Weg Jesu keine Sackgasse ist. Jesus ist auferstanden. Gott selbst hat seinen Weg, den Weg der Liebe, als den richtigen Weg bezeichnet. Das Unrecht seines Todes wird geradegerückt. Damit bestätigt Gott, daß Jesus recht hat. Das stellt alles in ein anderes Licht, ein neues Licht, ein Osterlicht.

Die Frauen erhalten den Auftrag, mit den anderen Jüngern Jesu nach Galiläa zurückzukehren. Die Provinz im Norden, in der Jesus sein Wirken begann. Sie werden erneut eingeladen, Jesus zu folgen, nach seinem Vorbild zu handeln und den Menschen Gutes zu tun. In Galiläa hat, laut Markus, der Weg begonnen, der an diesem trüben Morgen in Jerusalem als der richtige Weg aufgezeigt wird.

Markus 16,1-18

Es ist wirklich kaum zu glauben

Es ist Sabbat in Jerusalem. Alles ist still. Die Geschäfte sind den ganzen Tag geschlossen, und die Menschen sind in ihren Häusern. Auch die zwei Marias sind zu Hause.

Sie weinen, und sie reden miteinander über den Tod Jesu, bis es spät wird und sie einschlafen.
Am nächsten Morgen gehen die beiden Ma-

Markus 16,1-18

rias aus dem Haus. Sie gehen zu dem Grab, in dem Jesus begraben ist. Sie haben Öl dabei, um seinen Körper einzureiben. Denn so machen sie das immer bei Menschen, die gestorben sind.

Salome, die Jesus auch sehr geliebt hat, geht mit. Jetzt sind sie zu dritt. Unterwegs sagen sie nichts. Anders als sonst, sonst schwatzen sie immer ganz viel.

Als sie fast beim Grab sind, sagt die eine Maria: „Hoffentlich schaffen wir es, den schweren Stein wegzurollen."

Dann sehen sie das Grab. Wie kann das sein? Der schwere Stein ist schon weggerollt. Das Grab ist offen! „Das darf aber nicht sein!" ruft eine der Marias erschrocken.

Die Frauen rennen den Weg entlang. Sie gehen in die Grabhöhle und sehen sich um. Es liegt niemand darin. Das Grab ist leer. In der Ecke, an der rechten Seite, sitzt ein Junge. Er hat weiße Kleider an. Die Frauen erschrecken.

„Habt keine Angst!" sagt der Junge. „Ihr sucht Jesus, den Mann, der am Freitag gestorben ist. Er ist nicht mehr tot. Er lebt!"

Die Frauen wollen etwas sagen, aber es gelingt ihnen nicht. Die Worte bleiben ihnen im Hals stecken.

„Geht nach Hause!" sagt der Junge. „Erzählt seinen Freunden, daß Jesus auferstanden ist."

Die Frauen gehen nach draußen. Sie wissen immer noch nicht, was sie sagen sollen. Dann beginnt Salome zu rennen. Die anderen rennen hinter ihr her. Sie rennen zurück in die Stadt, zu den Häusern ihrer Freunde. Freunde, die auch Freunde von Jesus sind. Vor Aufregung vergessen sie sogar, anzuklopfen. Schon an der Tür fangen sie an zu erzählen, was sie beim Grab gesehen haben. Jedem, der es hören will, erzählen sie: „Wir sind zum Grab gegangen. Aber Jesus lag nicht dort. Das Grab war leer, denn er ist auferstanden."

Die Freunde Jesu rufen alle durcheinander: „Wirklich wahr? Auferstanden?"

„Wirklich wahr, er ist auferstanden!" sagen Salome und die zwei Marias.

„Es ist kaum zu glauben", rufen die anderen.

„Es ist wirklich kaum zu glauben."

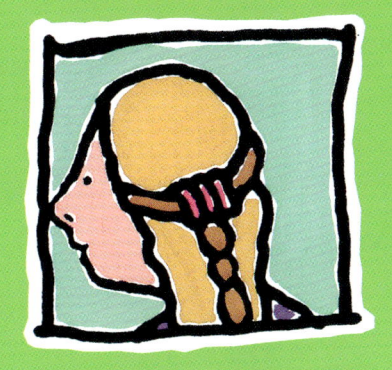

Apostel-
geschichte

Geschichte über Himmelfahrt und Pfingsten
Apostelgeschichte 1,1-11 und 2,1-13   **Der Wind weht durch die Köpfe**   220

Die Apostelgeschichte

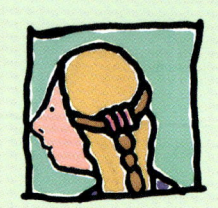

Einleitung zur Geschichte über Himmelfahrt und Pfingsten

Das Bibelbuch „Apostelgeschichte" beschreibt, wie es nach dem Tod und der Auferstehung Jesu mit seinen Jüngern weiterging.

Die Apostelgeschichte

Die Apostelgeschichte läßt sich als Fortsetzung der vier Evangelien lesen. Der Autor des Lukas-Evangeliums zeichnet auch für dieses Buch verantwortlich.

Die Schüler Jesu werden in diesem Buch Apostel genannt. Das bedeutet „Gesandte". Sie ziehen jetzt selbst ins Land hinaus. Sie tun, was Jesus tat, und erzählen, was Jesus sie lehrte.

Jerusalem

Es entstehen Gemeinschaften von Menschen, die Jünger Jesu sein wollen. Zuerst in Jerusalem, dann im Rest des Landes und schließlich in der ganzen Welt. Es ist wie ein Schneeball, der größer und größer wird. Von Jerusalem aus geht die Geschichte über Jesus in die ganze Welt.

Die Reisen der Apostel, insbesondere die des Paulus, werden in diesem Buch beschrieben.

Pfingsten

Es hat alles während eines Pfingstfestes in Jerusalem angefangen. Dieser Neubeginn für alle Jünger Jesu ist die einzige Begebenheit aus der Apostelgeschichte, die in diesem Buch erzählt wird.

Im Sinne Jesu

Erläuterung zu „Der Wind weht durch die Köpfe"

Ein Lehrling hat bei seinem Lehrmeister alle Kniffe seines Fachs gelernt. Sie arbeiten zusammen, aber die endgültige Verantwortung liegt immer beim Meister. Eines Tages geht dieser auf Reisen. Der Lehrling ist verzweifelt. Wie soll das mit den Aufträgen gehen? Aber dann stellt sich heraus, daß der Lehrling sein Fach wirklich gelernt hat und die Arbeit des Meisters fortsetzen kann.

So ergeht es auch den Jüngern Jesu. Jetzt, wo er nicht mehr da ist, ist es an ihnen, sein Werk fortzusetzen. Das war immer seine Absicht. Jesus hat von Beginn an Männer und Frauen eingeladen, ihm zu folgen, um zu tun, was er tat. Er hat ein Beispiel gegeben, das Nachahmung verdient. Das wird seinen Jüngern erst richtig während des Pfingstfestes klar.

Am fünfzigsten Tag nach Ostern wird das jüdische Pfingstfest gefeiert. Der Name Pfingsten kommt von der griechischen Zahl fünfzig. Aus vielen Ländern reisen Pilger nach Jerusalem, um Pfingsten zu feiern. Es ist ein Erntefest, bei dem auch daran erinnert wird, daß Gott den Menschen Regeln gegeben hat, die ein gutes Zusammenleben ermöglichen.
Als Gott dem Volk Israel die Zehn Gebote gab, erschien er in einem Feuer. Am ersten Pfingstfest, das die Jünger nach dem Tod und der Auferstehung Jesu feiern, ist auch von Feuer die Rede.

Feuer, das auf die Menschen herniedergeht. Gott selbst ist anwesend. Nicht nur im Feuer, sondern auch im Wind, der sich erhebt.
Im Hebräischen, der Sprache des Alten Testamentes, gibt es nur ein Wort für Wind und Geist. Der Geist Gottes ist in ihrer Mitte. Das ist erkennbar. Menschen von überallher verstehen sich und werden in ihrer eigenen Sprache angesprochen. Sie gehören dazu und wundern sich darüber. Das erkennen die Jünger. Das haben sie schon einmal erlebt. So war es auch mit Jesus. Wo er auch hinkam, Gott war erkennbar anwesend.

Obwohl Jesus nicht mehr unter ihnen ist, gibt es doch die Erfahrung von Gottes Anwesenheit. Das ist es, was die Jünger Jesu an diesem schönen Pfingsttag erleben. Diese Erfahrung gibt ihnen Mut und Vertrauen, um die Arbeit Jesu fortzusetzen, um zu tun, was er tat, und weiter zu erzählen, was er sie lehrte. Sie machen weiter im Sinne Jesu.

Apostelgeschichte 1,1-11 und 2,1-13

Der Wind weht durch die Köpfe

Die Freunde haben Jesus noch einmal ganz kurz gesehen. Eigentlich kam er nur vorbei, um zu sagen: „Seht ihr, ich bin zurückgekommen aus dem Land des Todes. Jetzt braucht ihr keine Angst mehr zu haben."

Danach ist Jesus fortgegangen. Zurück zu Gott. Einfach so, eines schönen Tages, haben sie ihn aufsteigen sehen. Auf dem Weg in den Himmel.

Seine Freunde vermissen ihn sehr. „Er hätte bei uns bleiben sollen", sagen sie.

Sie gehen nach Hause und machen ihre Türen zu. Sie haben keine Lust auf Besuch. „Alles ist wieder genau so wie früher, als wir Jesus noch nicht kannten", schimpfen sie. „Es hat sich nichts geändert."

Auch in den darauf folgenden Wochen bleiben ihren Haustüren verschlossen. Verschlossen für Freunde, die mit ihnen essen wollen, oder für Menschen, die auf der Suche nach Freundschaft sind.

Es ist der Tag des Erntefestes. Am Erntefest tragen die Menschen das Getreide vom Land in die Stadt. „Seht", sagen sie dann, „es gibt wieder Getreide dieses Jahr. Wir werden keinen Hunger haben. Es gibt genug Getreide, um Brot zu backen. Das muß gefeiert werden!"

Jeder geht zum Erntefest, auch die Freunde von Jesus. Sie haben ihre schönsten Kleider angezogen. Die Frauen haben Spangen mit Elfenbeinknöpfen im Haar. Die Männer tragen weiße gewebte Mäntel. Sie sehen wundervoll aus. Nur mit ihrem Mund und ihren Augen stimmt etwas nicht. Sie sehen gar nicht festlich aus.

Das Fest findet in einem großen Gebäude statt. Überall gibt es zu essen und zu trinken. Die Freunde von Jesus stehen alle zusammen. Sie sind hinten im Saal. Überall wird geredet und gelacht. Nur hinten ist es still. Die Freunde von Jesus denken: Wäre Jesus nur hier. Dann wäre das vielleicht ein Fest!

Plötzlich kommt Wind auf. Die Menschen halten ihre Röcke und Kleider fest, denn sonst weht alles weg.

Der Wind weht nicht nur durch den Festsaal, sondern auch durch die Köpfe der Feiernden. Alle Sätze und Gedanken wie „Es macht gar keinen Spaß" oder „Ich habe keine Lust auf das Fest" oder „Ich gehe nach Hause und schließe die Tür ab" fliegen aus ihren Köpfen. Die Menschen lachen über den Wind in ihren Haaren und beginnen miteinander zu reden. Lauter hurra-artige Wörter und Sätze. Sätze, die prickeln und sprudeln, Sätze, die einen fröhlich machen.

Aber nicht jeder wird fröhlich. Manche Menschen werden böse. Sie wollen gleich nach Hause. „Es wird zuviel getrunken bei diesem Fest", rufen sie. Aber das ist überhaupt nicht wahr. Die Menschen trinken gar nicht zuviel Wein. Es ist der Wind der Freundschaft, der die Menschen fröhlicher macht. Jeder spricht mit jedem. „Wie heißt du?" fragen

Apostelgeschichte 1,1-11 und 2,1-13

sie. „Und woher kommst du?" Auch wenn sie von weit her kommen und eine andere Sprache sprechen, verstehen sie einander. Sie bieten sich gegenseitig zu essen an, von der Platte mit den leckeren Sachen. „Möchtest du vielleicht auch ein Stück?" fragen sie.

Die Freunde Jesu haben ihren Kummer vergessen. Es ist jetzt fast so, als ob Jesus doch da wäre. Auch wenn er es nicht ist. So feiern sie an diesem Tag ein großes Fest. Die Freunde Jesu nennen es das Pfingstfest. Es ist das Fest, bei dem gefeiert wird, daß es genug Brot gibt. Und es ist auch das Fest des Windes, der durch die Köpfe weht und die Menschen Sätze sagen läßt, die prickeln und sprudeln.

Offenbarung

Geschichten über die Vision des Johannes

Offenbarung 1 und 6,1-8	**Dunkle Wolken über der Stadt**	226
Offenbarung 21 und 22	**Johannes sieht einen neuen Tag**	229

Offenbarung 1; 6,1-8, 21 und 22

Offenbarung

Einleitung zu den Geschichten über die Vision des Johannes

Das letzte Bibelbuch wurde von einem gewissen Johannes verfaßt. In der zweiten Hälfte des ersten Jahrhunderts, einer Zeit der heftigen Verfolgung der Christen durch die Römer, wurde er auf die Insel Patmos verbannt oder ist dorthin geflohen. Dort schreibt er einen langen Brief, um seine Glaubensgenossen zu ermutigen.

Code

Das Buch Offenbarung ist nicht leicht zu lesen. Das ist auch die Absicht von Johannes. Nicht jeder sollte verstehen, was er sagen wollte, denn sein Brief ist ein Akt des Widerstands gegen die Unterdrücker. Deshalb benutzt er eine Code-Sprache. In Bildern und Zahlen, die nur für Eingeweihte verständlich sind, beschreibt er die Schrecken seiner Zeit und die Macht des Bösen in der Welt. Demgegenüber sieht er eine andere Wirklichkeit, von der er sagt, daß Jesus sie ihm gezeigt hat. Er sieht den Untergang des Bösen und den Sieg des Guten voraus.

Anfang und Ende

Viele der Bilder, die Johannes verwendet, weisen auf den ersten Teil der Bibel, das Alte Testament, hin. Die Fragen des Lebens, die in den ersten Geschichten eine Rolle spielen, werden auch im letzten Bibelbuch gestellt. Vor allem die Frage nach dem Bösen in der Welt ist aktuell. Johannes sieht schließlich die Lösung nur in einer Neuschöpfung. Ein neuer Himmel und eine neue Erde, wo Gott und die Menschen zusammen wohnen. Für das Böse ist dort kein Platz. Für Johannes ist es klar: Gott steht am Anfang, und Gott kommt am Ende.

Trost und Protest

Erläuterung zu „Dunkle Wolken über der Stadt" und „Johannes sieht einen neuen Tag"

Wenn ein Kind sich auf seinen Geburtstag freut, steht alles in dessen Zeichen. Die Einladungen werden verteilt, die Wunschliste wird aufgestellt. Die Erwartung ist groß. Die Tage und vor allem die Nächte werden gezählt, bis der große Tag anbricht.

Johannes, der Autor des Buches Offenbarung, kann es auch kaum erwarten, daß der neue Tag anbricht, den er am Ende seines Briefes beschreibt. Dann wird es das Böse, den Tod und die Trauer nicht mehr geben. Gott und die Menschen werden miteinander leben, und das wird ein Fest sein. Das Verlangen nach diesem Fest ist groß. Bei Johannes, bei den Menschen, denen er schreibt, und bei allen, die durch die Jahrhunderte darüber gelesen haben.

Der Gedanke an diesen neuen Tag ist ein Trost. Es wird nicht immer so bleiben, daß das Böse das Sagen hat. Das Elend wird ein Ende haben. Gleichzeitig gibt das Verlangen nach dem neuen Himmel und der neuen Erde den Impuls zum Widerstand. Widerstand gegen die Mächte, die die Menschen unterdrücken und klein machen. So wie es jetzt ist, ist es nicht gut. Das muß sich ändern! So hat die Vision über die Zukunft Einfluß auf das Hier und das Jetzt.

Johannes sieht den Ort, an dem Gott und Menschen zusammen wohnen, als eine Stadt, eine Stadt mit riesigen Ausmaßen. In dieser Stadt ist Platz für jeden, für alle Völker. Es ist eine wundervolle Stadt des Friedens und der Gerechtigkeit.
Die Beschreibung der Traumstadt des Johannes kommt uns, nach dem Lesen der Bibel, bekannt vor. Auch in den Geschichten über David haben wir von der Stadt mit dem schönen Namen Jerusalem, der Friedens-Stadt, gehört. Aus diesem Grund nennt Johannes seine Traumstadt: ein neues Jerusalem.

Offenbarung 1 und 6,1-8

Dunkle Wolken über der Stadt

Johannes wohnt mit seiner Familie in einem kleinen Dorf auf einem Hügel. Ein kleines, glückliches Dorf, von denen es im Gelobten Land so viele gibt. Man kann dort herrlich draußen spielen, und an Festtagen wird auf dem großen Platz fröhlich gefeiert. Aber in letzter Zeit ist alles anders.

Es ist Krieg im Land. Die Menschen haben ernste Gesichter. Sie reden leise miteinander, über Dinge, die die Kinder nicht verstehen. Über den Kaiser und den König, die mit Armeen unterwegs sind. Über Menschen, die sie kennen, und die außerhalb des Dorfes gefangengenommen wurden. Über Soldaten und Kampfwagen.

„Ihr dürft nicht weit weg spielen", sagen die Eltern zu ihren Kindern. „Bleibt lieber nahe beim Haus, denn jeden Moment können die Soldaten kommen."

Heute ist es unruhig im Dorf. Vor dem Haus von Johannes steht eine Menschenmenge. Alle sehen in dieselbe Richtung, in die Richtung der großen Stadt, die drüben im Tal liegt. Über der Stadt hängen große dunkle Rauchwolken. Rauchwolken bedeuten Feuer. Und große Rauchwolken bedeuten große Feuer. Die Menschen haben Angst. Alles redet und ruft durcheinander.

„Erst hörten wir nur Geschichten über den Krieg", sagt der Onkel von Johannes. „Aber jetzt können wir den Krieg auch sehen."

Die Menschen klammern sich aneinander, solche Angst haben sie, einander zu verlieren. Sie gehen zurück zu ihren eigenen Häusern, um die Sachen aus den Schränken zu holen, bevor die Soldaten mit ihren gierigen Händen kommen und alles mitnehmen.

Johannes sieht mit der Hand über den Augen zur Stadt hin, weit weg. Er ist sauer. Sauer auf die Soldaten, die alles niederbrennen und kaputtmachen. Johannes ist jung und stark. Er würde schon gerne gegen die Soldaten kämpfen. Aber allein kommt er gegen so viele Soldaten nicht an.

„Komm, Johannes", sagt seine Mutter, „du mußt deine Sachen packen und fliehen. Die Soldaten suchen vor allem nach jungen Männern. Wenn sie dich finden, werden sie dich umbringen, oder sie nehmen dich mit in ihr eigenes Land, damit du dort für sie arbeitest."

Die Mutter von Johannes steckt eine zusammengerollte Decke und ein frisch gebackenes Brot in seine Tasche. Aus einem Beutel unter ihrem Rock nimmt sie einige Geldstücke. „Hier", sagt sie, „etwas Geld für unterwegs. Gehe so schnell wie möglich zum Meer. Suche einen Fischer mit einem stabilen Boot. Er soll dich zur Insel Patmos bringen. Dort wirst du in Sicherheit sein."

Johannes weint, aber seine Mutter hat recht. Er kann hier nicht bleiben. Es ist wirklich viel zu gefährlich.

Bevor sie sich voneinander verabschieden, gibt seine Mutter ihm zwei Bücher mit.

Offenbarung 1 und 6,1-8

Ein Buch mit Geschichten über Gott und Moses und ein Buch mit Geschichten über Jesus. „Für die Zeit, in der du mal allein bist", sagt sie. Nachdem sie Abschied genommen haben, fängt Johannes an zu laufen, bis er die Rauchwolken nicht mehr sehen kann. Dann kann er wieder normal gehen. Vier Tage ist Johannes unterwegs, bis er zum Strand kommt.

„Kennt ihr vielleicht einen Fischer mit einem stabilen Boot?" fragt Johannes die Kinder, die am Strand spielen.

Die Kinder zeigen auf einen Mann am Strand. „Da, ein Stück weiter, der Mann, der dort seine Netze flickt, den kannst du fragen."

Johannes begrüßt den Fischer. „Kannst du mich zur Insel Patmos bringen?" fragt er.

Der Fischer sieht Johannes an. „Hast du Geld?" will er wissen.

Johannes zeigt sein Geld.

„Das wird wohl reichen", sagt der Fischer. „Wir fahren noch heute abend."

Johannes sieht einen neuen Tag

Auf der Insel Patmos wohnt ein Fremder. Es ist Johannes. Nicht weit vom Strand, ein kleines Stück den Berg hinauf, steht seine Hütte. Es ist kein schönes Haus, aber es hält auf jeden Fall den Wind ab, der immer über die Insel weht.
Tagsüber sucht Johannes sich etwas zu essen. Er fängt Fische, und wenn er Glück hat, einen Vogel. Sonst gibt es nichts auf Patmos zu tun. Johannes sitzt gerne am Strand. Manchmal liest er in bißchen in den beiden Büchern, die seine Mutter ihm mitgegeben hat. Es sind Geschichten über Gott und Jesus. Dann starrt er über das Meer, hinüber zum Ufer, von dem er in dem Fischerboot gekommen ist. Dort wohnen seine Mutter, sein Onkel, seine Schwestern und seine Freunde.

Johannes würde so gerne nach Hause zurückgehen. Er hat oft Heimweh. Johannes legt sich auf den Rücken. Er sieht zum Himmel hinauf, der voller Wolken ist, mit großen blauen Stücken dazwischen. Johannes döst ein bißchen. Plötzlich schieben sich die Wolken auseinander. Er sieht in das Blau. Jetzt öffnet sich auch der strahlend blaue Himmel. Johannes sieht geradewegs in den Himmel hinein. Er kann Gott dort sitzen sehen. Neben Gott sitzt Jesus. Johannes springt auf. Er beginnt zu winken. Als wollte er sagen: „Jesus, siehst du mich denn nicht?"

Jesus schaut Johannes an. Er nickt ihm zu, als ob er sagen wollte: Natürlich sehe ich dich. Ich habe dir etwas zu erzählen.
Jesus hält ein großes Buch in seinen Händen. Er schlägt es auf. Ein rotes Pferd kommt aus dem Buch herausgaloppiert. Ein wildes, drohendes Pferd. Auf seinem Rücken sitzt ein Soldat. Der Soldat hält einen Stock in seiner Hand. Einen Stock mit Feuer, mit dem er alles anzündet. Johannes schlägt sich die Hände vors Gesicht. Es ist der Krieg in seinem Land, den er sieht. Als er die Augen wieder öffnet, galoppiert noch ein Pferd aus dem Buch. Ein graues, mageres Pferd. Auf seinem Rücken sitzt ein Mensch, so mager, daß man nur seine Knochen sieht. „Hunger", ruft Johannes, „es ist der Hunger in meinem Land!"
Johannes weint. „Nicht weinen, Johannes", hört er eine Stimme sagen. „Schau!"
Johannes schaut hoch. Aus dem Himmel sinkt langsam eine Stadt herab. Weiß und glänzend wie die Wellen des Meeres, wenn die Sonne darauf scheint. Johannes hört eine Stimme: „Sieh, Johannes, das ist die Stadt, in der auch Gott selbst wohnt."
Johannes sieht, und er sieht eine Stadt voller Menschen. Auf den Plätzen spielen Kinder. Da ist seine Mutter. Sie lacht. Es wird Musik gemacht. Er sieht Menschen aus seinem Dorf, die tanzen. Auch die Menschen, die von den Soldaten des Kaisers verhaftet wurden, sind wieder da. Sogar die Menschen, die tot sind, sieht er wieder umhergehen.

Offenbarung 21 und 22

Johannes springt auf. Er läuft zu dem Laden, den es auf Patmos gibt. Von seinem letzten Geld kauft er Papier. Dann schreibt er einen Brief:

Ihr Lieben daheim,

ich denke oft an Euch. Eigentlich denke ich immer an Euch, denn woran sollte ich sonst denken?
Ich weiß, daß Ihr es schwer habt. Ich weiß, daß die Dörfer in Flammen stehen. Ich habe es selbst gesehen. Ich weiß auch, daß Ihr Hunger habt, denn das habe ich auch gesehen, auch wenn ich nicht bei Euch bin.
Ich möchte Euch etwas erzählen, oder besser gesagt, etwas schreiben. Heute lag ich am Strand. Auf einmal öffnete sich der Himmel. Ihr müßt es mir glauben. Da habe ich all die Dinge gesehen, die ich jetzt weiß.
Aber ich habe auch Dinge gesehen, die Ihr noch nicht wißt. Daß der Hunger und der Krieg nicht ewig dauern werden. Ich weiß es ganz sicher. Es kommt ein Tag, an dem es Frieden gibt. An diesem Tag wird Gott bei uns wohnen, zusammen mit all den Menschen, die gefangengenommen wurden oder tot sind oder ermordet. Wir werden zusammen feiern und tanzen, und die Kinder werden wieder auf den Plätzen spielen.
Also, Kopf hoch.
Euer Johannes

Johannes gibt den Brief dem Fischer, dem das Boot gehört. Der Fischer verspricht, den Brief in das Dorf von Johannes zu bringen.

Die Zeit geht vorbei. Eines Tages kehrt das Boot wieder nach Patmos zurück mit einem Brief für Johannes. Johannes rennt aufgeregt zu seiner Hütte und öffnet den Brief.

Lieber Johannes, liest er.

Wir erhielten Deinen Brief. Wir haben uns so gefreut! Wir haben natürlich sehr gestaunt über das, was Du alles im Himmel gesehen hast. Dein Onkel sagte: „Es ist sehr wichtig, was Johannes gesehen hat. Es ist wie ein Brief von Gott." Wir haben es also jedem erzählt.
Es war so seltsam, Johannes. Wir fühlten uns plötzlich anders, als wenn ein wichtiger Feiertag wäre.
Am nächsten Morgen standen wir auf. Wir sahen hinaus. Es war gerade so, als ob ein ganz anderer, ein neuer Tag begonnen hätte. Dabei war es ein ganz normaler Mittwoch ...

Spiel- und Bastelvorschläge

Der Geschichtentisch

Das Buch bleibt aufgeschlagen

Einleitung

Was gibt es Schöneres als Erwachsene und Kinder, die zusammen ein Buch lesen? Es ist der Augenblick, in dem Kinder sich gemütlich an Vater oder Mutter kuscheln, um nur ja nichts zu verpassen. Zusammen schaut man sich die Bilder an und findet dort unerwartete Dinge. Man kuschelt sich noch näher an, wenn die Geschichte spannend wird. Man lächelt über kleine, subtile Scherze. Man lacht über eine geistreiche Wendung in einer Geschichte.

Für diese Kinderbibel gilt das auch: schöne, witzige Zeichnungen und spannende, rührende Geschichten. Geschichten, über die man noch einmal nachdenkt. Zeichnungen, die man sich immer wieder ansieht. Deshalb machen wir den Vorschlag, zu Hause oder in der Schule eine spezielle Ecke einzurichten, mit einem Tisch: dem Geschichtentisch. Auf diesem Tisch erhält die Kinderbibel einen Platz, beispielsweise aufgeschlagen bei der Geschichte, die vorgelesen wurde. Auch die Bastelarbeiten zu diesen Geschichten werden auf diesen Tisch gelegt.

Während man mit dem Geschichtentisch arbeitet, wird die Kinderbibel nicht geschlossen. Das Buch bleibt aufgeschlagen. Die Geschichte wird so ein Teil des täglichen Lebens.

Die Einrichtung des Geschichtentisches

Der Name Geschichtentisch suggeriert, daß es sich um einen „Spezialtisch" handelt. Das kann man sehr gut machen, aber es ist nicht immer praktisch oder durchführbar. Eine eigens dafür eingerichtete Ecke tut es auch.

Halte den Platz für das Buch und die Bastelarbeiten frei, sonst verschwindet die Wirkung des Geschichtentisches ganz schnell. Bedecke den Tisch mit einem Tuch oder einer Decke in einer neutralen Farbe! Auf dem Tisch ist ausreichend Platz, um das Buch hinzulegen oder aufzustellen. Dafür kann man zum Beispiel einen Notenständer benutzen. Das Buch ist geöffnet an der Stelle der Geschichte, die erzählt wurde.

Halte den Platz rund um das Buch frei für die Bastelarbeiten und die Gegenstände aus der Natur. Auf einem Schreibblock können hierzu Vorschläge gemacht werden. Kinder werden möglicherweise auch eigene Ideen oder Gegenstände beitragen. Beim weiteren Lesen des Buches gibt es immer mehr auf dem Geschichtentisch zu sehen. Es stehen allerlei Dinge darauf, die Erinnerungen an vorangegangene Geschichten wecken. Sie bilden einen Anlaß, um die Geschichten noch einmal miteinander durchzusprechen.

Eine andere Möglichkeit wäre, den Tisch, anhand der Vorschläge auf dem Schreibblock, neu einzurichten. Die Abwechslung kann die Aufmerksamkeit der Kinder für den Tisch erhöhen. Es bleibt dann mehr Raum für neue Gegenstände, die das Interesse wecken.

Geschichten von der Schöpfung

Wochenkalender

Am Anfang gab es gar nichts. Dann schuf Gott in sieben Tagen den Himmel und die Erde. Es gab jetzt ein Gestern, ein Heute und ein Morgen.
Kinder können an Hand der Geschichte „Alle auf die Plätze" einen Wochenkalender machen. Der Wochenkalender bekommt einen Platz auf dem Geschichtentisch.

Dazu braucht man:
- festes Papier
- Malsachen
- Locher und Schnur

Anleitung:
Falte sieben Papierbogen in zwei Teile. Schreibe auf die eine Hälfte von jedem Blatt die Zahlen von 1 bis 7. Zu diesen Zahlen machen die Kinder von jedem Schöpfungstag eine Zeichnung. Schreibe auf die andere Hälfte der Blätter die Namen der Wochentage. Dazu malen die Kinder Aktivitäten, die an bestimmte Tage gebunden sind, zum Beispiel Schwimmunterricht, zur Tagesmutter, Müllabfuhr usw. Mache oben in den Kalender mit dem Locher zwei Löcher und ziehe die Schnur hindurch.

Mobile

„Heute werde ich meine neue Aussicht genießen", sagte Gott am siebten Tag.
Was gibt es denn alles zu sehen?
Fertige zusammen mit den Kindern ein Mobile an mit Sonne, Mond und Sternen, Vögeln, Fischen und anderen Elementen der Schöpfungsgeschichte. Hänge das Mobile über dem Geschichtentisch auf.

Dazu braucht man:
- festen Pappkarton
- festes (synthetisches) Garn
- Schere und Nadel

Anleitung:
Male auf den Karton eine große Wolke und schneide sie aus. Male auch kleinere Figuren: eine Sonne, Mond und Sterne, Vögel, Fische und andere Tiere. Schneide die kleinen Figuren aus. Befestige sie mit dem Garn unten an der Wolke. Damit das Mobile sich dreht, muß der Faden, an dem es aufgehängt wird, an einem Punkt festgemacht werden.
Wenn man es lieber einfacher haben möchte, kann die Wolke auch an die Wand gehängt werden.

Was man draußen finden kann
Von den schönen Dingen, die Gott schuf, können Beispiele auf den Geschichtentisch gelegt werden: ein Blumenstrauß, schöne Steine oder Muscheln vom Strand, Nüsse, Früchte und Samen, die man draußen sammeln kann.

Geschichten über Abraham und Sara, Isaak und Rebekka, Jakob und Esau

Zelt aus Stoffresten
Abraham wohnt in einem Zelt. Was daran so besonders ist, wird in der Geschichte „Ein Land für Vagabunden" erzählt. Diese Geschichte kann man zum Anlaß nehmen, mit den Kindern ein Zelt aus Stoffresten anzufertigen und auf den Geschichtentisch zu stellen.

Dazu braucht man:
- ein Stück Stoff
- Schaschlikspieße oder feste Zweige (klein)
- dünnen festen Draht
- Stecknadeln oder Zahnstocher
- Pappe oder Styropor als Stellfläche

Anleitung:
Steckt ein paar Spieße oder Zweige senkrecht als Zeltstangen in die Unterlage und legt ein Stück Stoff als Zelttuch darüber. Binde an die Enden des Zelttuchs den Draht und befestige ihn mit Stecknadeln oder Zahnstochern in der Unterlage.

Zelt bauen
Kinder können bei der Geschichte „Oma, Oma" selbst ein Zelt zum Spielen bauen. Verwende dafür alte Gardinen, Laken, einen Wäscheständer oder eine Wäscheleine. Wäscheklammern sorgen dafür, daß alles an seinem Platz bleibt. Wenn man zusammen in dem Zelt ißt, wird es richtig authentisch.

Tastspiel
Ist das Esau, oder ist es Jakob? Isaak irrt sich in der Geschichte „Zwei Jungen, die sich immer streiten". Er denkt, daß er Esau vor sich hat, aber es ist Jakob. Wie konnte er sich so irren? Laß die Kinder an Hand dieser Geschichte ausprobieren, ob sie mit einer Augenbinde den Unterschied fühlen zwischen:
- dem Arm von Papa und dem von Mama;
- der Katze und dem Hund;
- die Haare ihres Bruders und ihrer Schwester;
- einem Bleistift und einem Kugelschreiber.

Können die Kinder die folgenden Dinge nur durch Fühlen benennen:
- eine Gabel
- einen Eiswürfel
- einen Ring
- ein Spielzeugauto
- ein Kuscheltier?

Geschichten über Josef

Eine Traumschachtel herstellen

Das wird nie passieren, dachten die Brüder, daß Josef unser König wird. Sogar in ihren kühnsten Träumen konnten sie nicht ahnen, daß Josefs Traum in Erfüllung gehen würde.

Die Geschichte „Ein Junge mit seltsamen Träumen" gibt Anlaß, mit den Kindern über ihre eigenen Träume zu sprechen. Haben sie auch so schöne Träume wie Josef?

Haben sie auch manchmal einen bösen Traum, wie in der Geschichte „Der böse Traum des Pharao"?

Für alle diese Träume wird eine Traumschachtel gemacht, die einen Platz auf dem Geschichtentisch bekommt.

Dazu braucht man:
- (Brief)kärtchen in der Größe 10 mal 15 cm
- Zigarrendose oder kleine Dose mit Deckel
- Malsachen und eine Schere
- silber- oder goldfarbenes Papier

Anleitung:

Laß die Kinder auf die Kärtchen Zeichnungen von ihren Wunschträumen, Tagträumen und Alpträumen machen. Aus dem Silber- oder Goldpapier werden Sterne ausgeschnitten, um die Schachtel zu verzieren. Wenn die Traumschachtel auf dem Geschichtentisch steht, können die Kinder sich die schönen Träume noch einmal ansehen. Die bösen Träume werden nach unten gelegt, damit sie keinen Schaden mehr anrichten können.

Geschichten über die Befreiung aus der Sklaverei und den Einzug in das Gelobte Land

Schwimmendes Spielzeug

Schwimmend auf dem Fluß Nil treibt Moses in der Geschichte „Ein Prinzenkind" seiner Rettung entgegen. Zu dieser Geschichte kann man zusammen mit den Kindern auf einfache Weise kleine Schwimmer basteln. Die Kinder können damit zum Beispiel in einer Badewanne spielen. Lege auch sie in einem kleinen Wasserbehälter auf den Geschichtentisch.

Dazu braucht man:
- Brettchen, Stückchen Baumrinde oder Walnußschalen
- Zahnstocher oder Fleischspieß
- dünnes Papier
- Bienenwachs oder Knete
- eine dicke Stopfnadel

Anleitung:

Schneide aus dem Papier ein Segel. Durch die Größe des Segels und des Bootes wird vorgegeben, ob man einen Zahnstocher oder einen Fleischspieß benutzen kann. Dieser wird durch das Segel gestochen. Befestige mit Hilfe der Knete das Segel in der Schwimmunterlage. Wenn man an der Vorderseite ein kleines Loch bohrt, kann eine Schnur an dem Schwimmer befestigt werden, mit der die Kinder das Boot durch das Wasser ziehen können. Aber es macht auch Spaß, den Schwimmer im Wind segeln zu lassen, indem man in das Segel bläst.

Frösche falten

Man stelle sich vor, das ganze Haus wäre voller Frösche, so wie in der Geschichte „Hilfe, da sitzt ein Frosch in meinem Bett". Hier wird beschrieben, wie man selbst Frösche faltet.

Dazu braucht man:
- grünes Faltpapier
- Stifte

Anleitung:
Folge der abgebildeten Faltweise. Male auf jeden Frosch Augen mit einem Stift. Stelle auf jeden Fall einen der Frösche auf den Geschichtentisch.

Flache Brote backen

Wegen der Eile, mit der man Ägypten verließ, war keine Zeit mehr, um auf die gebräuchliche Art Brot zu backen. Es wurde Brot ohne Hefe gebacken, das ging schneller. Man kann anläßlich der Geschichte „Tschüs Haus, tschüs Land, tschüs König" Brötchen mit und ohne Hefe backen, damit die Kinder den Unterschied erfahren. Was bewirkt Hefe in einem Brot? Kann man sehen, in welchem Teig Hefe verarbeitet wurde? Was geht schneller? Was schmeckt besser? In den meisten Kochbüchern gibt es Rezepte zum Brotbacken. Hefe kann man beim Bäcker kaufen. Man kann die Kinder auch auf einfachere Weise „flache Brote" probieren lassen. Sie sind als Matzes in Supermärkten erhältlich. Stelle einen Korb oder eine Schale mit flachen Broten auf den Geschichtentisch.

Zelte im Sand

Während des Zuges durch die Wüste auf dem Weg ins Gelobte Land wohnt das Volk in Zelten. Bei den Geschichten „Zehn Gebote" und „Für Pharaonen streng verboten" ist das Zelt von Abraham sehr nützlich (siehe die Anleitung zu „Zelt aus Stoffresten"). Streue etwas „Wüstensand" rund um das Zelt, zum Beispiel aus dem Sandkasten. Stelle das Zelt vorne auf den Geschichtentisch.

Geschichten über die Treue

Verzierungen mit Getreidehalmen

Boas verliebt sich in Rut. Bei den Geschichten über Rut kann man gemeinsam mit den Kindern Verzierungen aus Getreidehalmen machen; des weiteren eine Garbe zur Geschichte „Zwei sehr gute Freundinnen" sowie ein Herz zur Geschichte „Ein netter Chef". Stelle die Verzierungen auf den Geschichtentisch.

Dazu braucht man:
- ein Bündel Getreidehalme
- Bindfaden

Anleitung für die Garbe:
Forme die Halme zu einer Garbe und binde sie zwei bis drei Zentimeter unterhalb der Ähren mit dem Bindfaden zusammen. Schneide die Unterseite der Halme auf gleiche Länge, damit man die Garbe hinstellen kann. Verberge den Bindfaden unter einem übriggebliebenen Getreidehalm oder einer schönen Schleife.

Anleitung für das Herz:

Getreidehalme vorher in einer Schüssel mit Wasser einweichen. Der obere Teil der Halme, mit den Getreidekörner, darf nicht naß werden. Nach einer Stunde sind sie biegsam genug zum Flechten. Nimm die Getreidehalme und ein Stück Bindfaden in gleicher Länge und beginne mit dem Flechten, und zwar von den Ähren aus um den Faden herum. Biege den geflochtenen Strang zu einer Schlaufe und befestige das Ende des Strangs gerade oberhalb der Ähren. Die Herzform der Schlaufe entsteht, wenn man die Oberseite etwas nach unten eindrückt. Laß die Kinder soviel wie möglich selbst machen.

Wenn man es lieber einfacher machen möchte, schneidet man aus einem festen farbigen Stück Pappe ein Herz aus und läßt die Kinder mit Getreidekörnern, z.B. aus Hamsterfutter, und transparentem Leim einen Rand kleben.

Geschichten über den Propheten Samuel und die Könige Saul, David und Salomo

Ein Esel aus Heu

Ein paar Esel, das sind sie, die beiden Knechte in der Geschichte „Saul sucht seine Esel". Aber durch ihr Zutun landet Saul immerhin bei Samuel. Samuel verspricht Saul die Königskrone. Er gießt duftendes Öl über Sauls Kopf.
Zu dieser Geschichte kann ein Eselchen für den Geschichtentisch gemacht werden, ein kleiner Esel, der ein Ölfläschchen und eine kleine Krone auf dem Rücken trägt.

Dazu braucht man:
- Heu
- Bindfaden und Klammern
- goldfarbene feste Pappe
- einen kleinen Terrakotta-Krug
- ein Fläschchen Duftöl (Drogerie oder Reformhaus)

Anleitung:
Alle Körperteile des Esels werden einzeln gemacht. Wenn sie fertig sind, wird der Esel zusammengesetzt. Man nimmt eine ordentliche Menge Heu, knetet sie zu einer Art Roulade und wickelt den Bindfaden im Abstand von 1,5 bis zwei cm fest darum, bis ein Körper von etwa 15 cm Länge und etwa 20 cm Durchmesser entsteht. Die Garnrolle nimmt man dabei in die Hand und läßt das Garn während des Wickelns abrollen. An beiden Enden bleiben zwei bis drei cm für das Befestigen der anderen Teile frei.

Auf dieselbe Art und Weise macht man die Vorder- und Hinterbeine, den Kopf/Hals, die Ohren und den Schwanz und behält dabei die Proportionen im Auge. Man biegt die Hinterbeine, den Kopf und die Ohren in die gewünschte Form.

Alle Teile werden schließlich an den freigelassenen Stücken des Körpers befestigt, indem man sie mit Garn umwickelt. Eventuell können Klammern für besondere Festigkeit benutzt werden.

Aus der Pappe schneidet man eine Krone und hängt sie zusammen mit dem Ölkrug über den Rücken des Esels. Ab und zu kann man ein paar Tropfen Duftöl in den Krug träufeln.

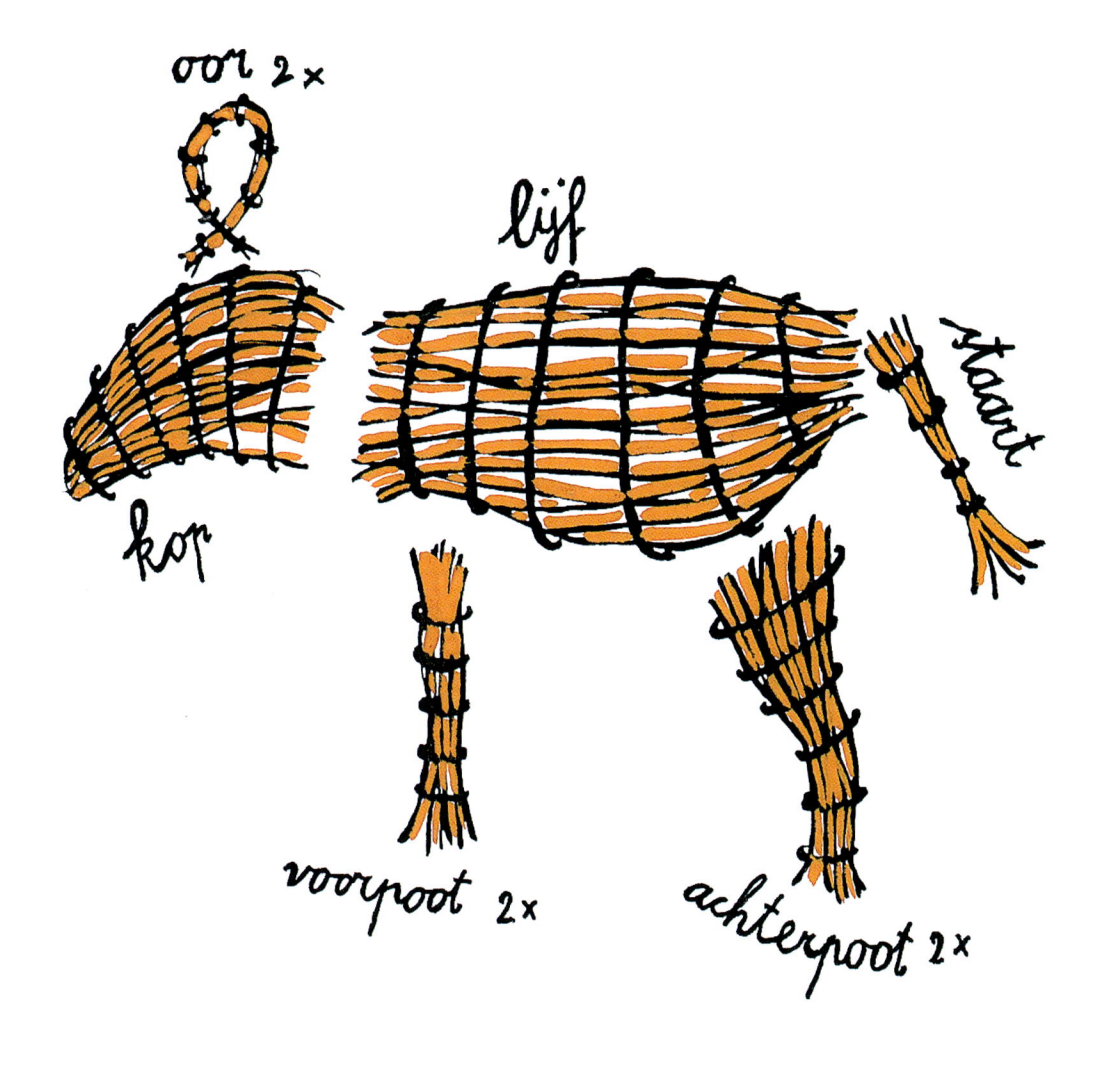

Rätsel

Auch wenn das Rätsel noch so schwer ist, Salomo weiß die Antwort. Lasse zur Geschichte „Die Königin kommt zu Besuch" die folgenden Rätsel von den Kindern lösen.

Ich laufe im Regen, aber werde nicht naß.
Weißt du, was ich bei mir hab?

Welche Schuhe trägst du nicht an den Füßen?

Es war steinhart und spiegelglatt,
als die Sonne drauf schien, war es naß.

Sie gehen im Kreis hinter Glas,
spielen sie Fangen, ist es ein Rennen?
Donnerwetter, es ist Zeit für's Bett!

Wer geht langsam nur vorbei,
hat auf dem Rücken sein Haus dabei?

Weiße Stöckchen in Reih und Glied,
in einer Schachtel Seite an Seite,
oben ist eine rote Spitze,
ich denke mal, jetzt weißt du es.

Ein Tisch und Bänke, eine Küche, ein Bett
sind alle im selben Zimmer.
Man kann dort sitzen, schlafen und stehen.
Wie heißt dieses Haus mit Rädern dran?

Lösungen: Regenschirm, Handschuhe, Eis, Uhrzeiger, Schnecke, Streichhölzer, Wohnwagen

Geschichten über die Geburt Jesu

Weihnachtskrippe

Genau wie die Weisen aus dem Morgenland und die Hirten können die Kinder in stiller Bewunderung auf das besondere Kind in der Krippe schauen. Wenn keine Krippe vorhanden ist, um sie auf den Geschichtentisch zu stellen, kann man mit den Kindern eine Miniaturkrippe basteln.

Dazu braucht man:
- Kokosnuß
- Laubsäge
- Walnuß
- buntes Bienenwachs oder Knete
- gold- und silberfarbenes Papier
- Stroh
- Schafwolle

Anleitung:
Der Stall wird aus einem Viertel der Kokosnuß gemacht. Man sägt die Kokosnuß durch und entfernt das Fruchtfleisch.

Aus dem bunten Wachs oder der Knete werden Josef, Maria, das Kind, die drei Weisen und die Hirten geformt. Bienenwachs wird weich, wenn man es in der Hand warm werden läßt. Die Weisen und die Hirten bekommen einen Platz vor dem Stall.

Aus der Hälfte der Walnuß macht man die Krippe und schneidet einen großen und einige kleine Sterne aus dem Papier und hängt sie über den Stall. In und um den Stall legt man Stroh und macht aus der Schafwolle kleine Bällchen. Zwischen dem Stroh sehen sie fast wie richtige Schafe aus.

Geschichten über Jesus

Girlande
Zu den ersten neun Geschichten dieses Abschnitts kann eine Girlande aus Püppchen gemacht werden. Die Püppchen stellen Menschen aus den Geschichten dar. Menschen, die sich mit Jesus auf den Weg gemacht haben. Nach jeder Geschichte wird ein Püppchen ausgemalt und angezogen. So wird die Gruppe der Freunde immer größer.

Dazu braucht man:
- mehrere Bogen festes Papier
- Pappe
- buntes Faltpapier
- Malsachen und eine Schere

Anleitung:

Ein Streifen Papier wird wie ein Akkordeon in gleich große Teile gefaltet, und an einer Seite wird ein Streifen als Kleberand freigelassen. Man zeichnet eine Puppe (siehe Abbildung), schneidet sie aus und läßt die Kinder den Streifen auffalten. Zu ihrer Überraschung kommt eine ganze Reihe von Püppchen zum Vorschein. Man braucht insgesamt neun Püppchen.

Wenn man die Püppchen hinstellen will, werden aus der Pappe Rechtecke in der Größe von 8 mal 3 cm geschnitten. Man faltet sie in Längsrichtung doppelt und macht eine Kerbe an der Faltstelle. Die Püppchen werden in die Kerben geschoben, so daß die Girlande stehen bleibt.

Die Kinder sollten zu jeder Geschichte eine Puppe ausmalen. Jedes Püppchen wird anders und kann an der Kleidung oder an mitgeführten Gegenständen erkannt werden. Gegenstände, die die Püppchen festhalten, können aus Buntpapier zugeschnitten und an die Püppchen geklebt werden. Die Zeichnungen zu den betreffenden Geschichten können dabei als Anhaltspunkte dienen.

Zu den folgenden Geschichten werden Püppchen gemacht:
- Vier Fischer folgen Jesus
- Der verrückte Mann
- Levi ärgern
- Ein Mädchen von zwölf Jahren
- Es ist genug für alle da
- Macht Platz für die junge Dame
- Ein sehr reicher Mann
- Bartimäus kann nur betteln

Die Girlande sollte auf dem Geschichtentisch bis zur Erzählung „Ganz allein" stehenbleiben. In dieser Geschichte erzählt Jesus seinen Freunden, daß er ohne sie weitergehen muß. Bewahre die Girlande danach in einer Schachtel oder einem Körbchen auf dem Geschichtentisch auf. Im nächsten Abschnitt wird sie wieder hingestellt.

Esel und Ölkrug

In der Geschichte „Ein König, vor dem niemand Angst hat" wird Jesus, reitend auf einem Esel, zugejubelt. Der Esel mit der Krone, der für die Geschichte „Saul sucht seine Esel" gemacht wurde, paßt sehr schön dazu (siehe die Beschreibung der Geschichte).

Der Ölkrug spielt eine wichtige Rolle in der Geschichte „Dinge, über die man lieber nicht spricht". Man kann, genau wie in der Geschichte, einen schönen Schal benutzen, um den Esel daraufzustellen.

Osterkerze

Es ist zum Weinen, was mit Jesus passiert ist. Die Geschichte „Ein König am Kreuz" ist ergreifend. Trotzdem werden die Tränen über das, was Jesus angetan wurde, trocknen, denn Jesus ist auferstanden. Davon wird in der Geschichte „Es ist wirklich kaum zu glauben" erzählt.

Diese zwei Geschichten kann man nicht einzeln erzählen. Sie gehören zusammen. Zwischen der ersten und der zweiten Geschichte sollte eine Kerze angezündet werden.

Dazu braucht man:
- eine hohe, dicke Kerze
- blauen Bienenwachs
- einen Kranz aus Weidenruten
- weiße Rosen und grüne Zweige
- einen tiefen Teller oder eine Pflanzenschale
  (kleiner als der Kranz)

Anleitung:
Nachdem die Geschichte „Ein König am Kreuz" erzählt ist, macht man zusammen mit den Kindern Tränen aus kleinen Stückchen Bienenwachs und drückt sie vorsichtig auf die Kerze. Der Kranz aus Weidenruten, der an die Dornenkrone aus der Geschichte erinnert, wird rund um die Kerze gelegt. Man erzählt dann die Geschichte „Es ist wirklich kaum zu glauben" und verziert danach den Kranz mit den Rosen und dem Grün. Die Stiele werden nicht zu kurz abgeschnitten, sondern man steckt sie ein wenig durch die Unterseite des Kranzes. Die Pflanzenschale mit etwas Wasser unter den Kranz stellen, damit die Stiele im Wasser stehen.

Geschichte über Himmelfahrt und Pfingsten

Puppengirlande und Kerze

Der Wind der Freundschaft läßt die Freunde Jesu ihren Kummer vergessen. Bei der Geschichte „Der Wind weht durch die Köpfe" kann die Puppengirlande aus der Schachtel vom Geschichtentisch geholt werden. Die Kinder sollten noch mehr Puppen ausschneiden und ausmalen. Es kommen immer mehr Freunde hinzu. Man stellt die Puppengirlande im Kreis um die Kerze und klebt das erste und das letzte Püppchen aneinander. Das sind die Freunde Jesu, die feiern, weil sie wissen, daß Jesus dabei ist.

Geschichten über die Vision des Johannes

Ein Gemälde

Das muß herrlich sein, zusammen zu feiern, zu spielen und zu tanzen auf dem Platz in der Traumstadt, die Johannes in „Johannes sieht einen neuen Tag" vor Augen hat. Die Kinder sollen zeichnen, wie sie sich die Stadt vorstellen. Vielleicht so:

*Einmal werden die Plätze wunderbar sein
mit lachenden Menschen und Sonnenschein,
mit gratis Pommes frites und Gold an den Mauern,
niemand hat mehr einen Grund zu trauern,
schön wie ein Schatz oder wie eine Braut,
eine Stadt, in der jedermann fröhlich ausschaut.*

Text: Hinke Wever
Übersetzt von Eveline Casteal

Dazu braucht man:
- zwei Bogen Malpapier
- ein großes Blatt blaue Pappe
- Malsachen und Klebstoff

Anleitung:
Die Zeichnung, die die Kinder von der Traumstadt machen, wird ein Gemälde zum Einrahmen. Man klebt die Zeichnung auf die Pappe, läßt danach die Kinder Wolken aus dem zweiten Blatt Papier machen und wie ein Rahmen an die Ränder kleben. Die eingerahmte Zeichnung wird über den Geschichtentisch gehängt oder daraufgestellt.

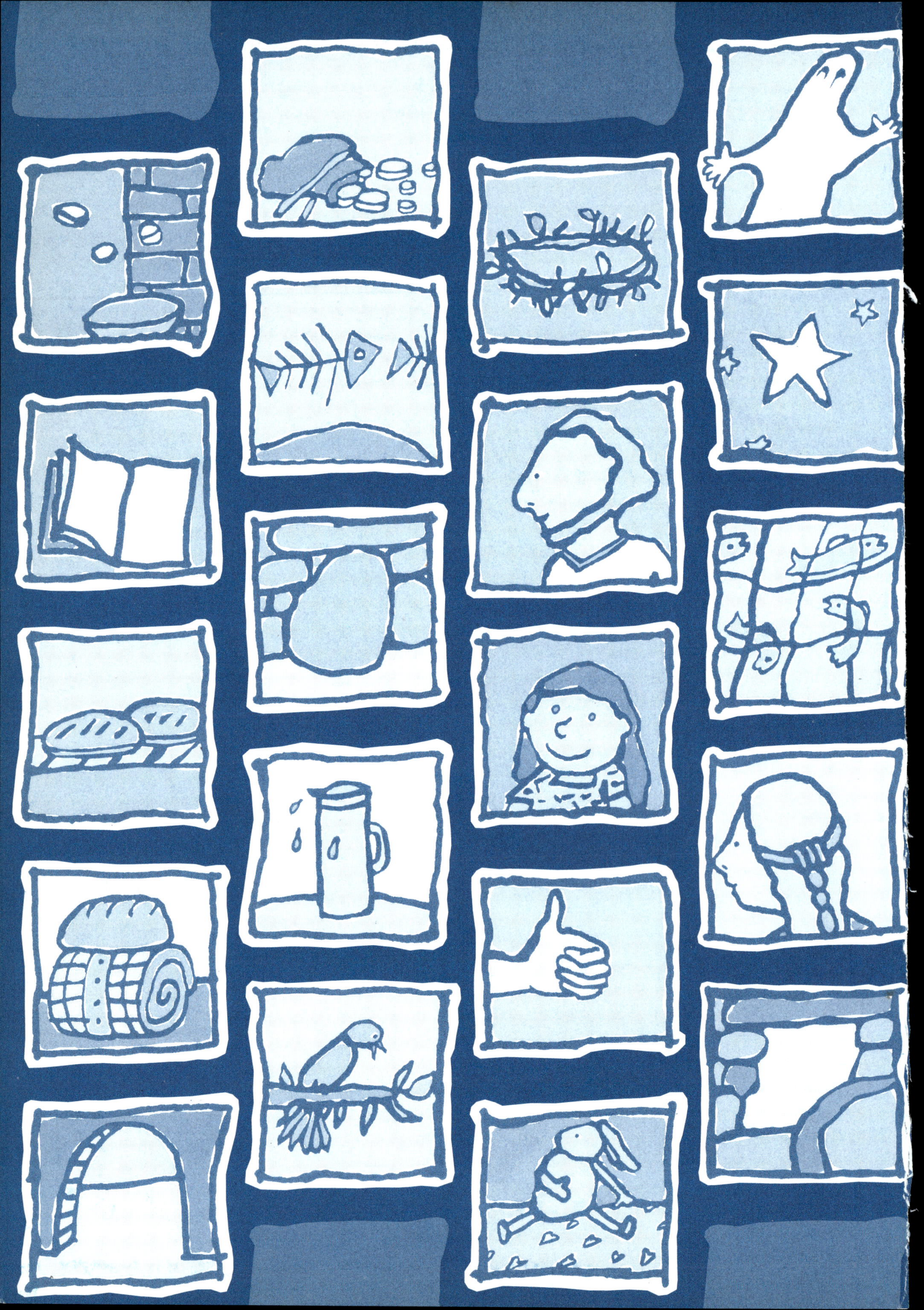